A publicação deste livro contou com o apoio
da Fundação Perseu Abramo.

Fundação Perseu Abramo
Rua Francisco Cruz, 234 – Vila Mariana
04117-091 São Paulo – SP
Fone: (11) 5571 4299
www.fpabramo.org.br
editorial@fpabramo.org.br

Kristin Ross

Luxo Comunal

O imaginário político da Comuna de Paris

Traduzido por Gustavo Racy

2021
Autonomia Literária

AUTONOMIA LITERÁRIA

Este livro foi publicado originalmente sob o título de *Communal Luxury: The Political Imaginary of the Paris Commune*, pela Verso Books.

Coordenação editorial
Cauê Seignemartin Ameni, Hugo Albuquerque, Manuela Beloni
Tradução: Gustavo Racy
Revisão e preparação: Luiza Thebas
Revisão de prova: Lígia Magalhães Marinho
Projeto gráfico: Rodrigo Côrrea/sobinfluencia
Diagramação: Manuela Beloni

Dados Internacionais de Catalogação na Publicação (CIP)
(eDOC BRASIL, Belo Horizonte/MG)

R824l
Ross, Kristin.
Luxo comunal: o imaginário político da Comuna de Paris / Kristin Ross; tradutor Gustavo Racy. – São Paulo, SP: Autonomia Literária, 2021.
204 p. : 14 x 21 cm

Título original: Communal Luxury: The Political Imaginary of the Paris Commune
ISBN 978-65-87233-33-8

1. Paris (França) - História - Comuna, 1871. 2. Socialismo. 3. Política. I. Racy, Gustavo. II. Título.
CDD 944.0812

Elaborado por Maurício Amormino Júnior – CRB6/2422

Autonomia Literária
Rua Conselheiro Ramalho, 945
CEP: 01325-001 São Paulo - SP
autonomialiteraria.com.br

Sumário

Apresentação à edição brasileira
por Jean Tible

vive la commune! é um grito-chamado ecoando neste século e meio depois do gesto subversivo que tanto marcou e inspirou gerações e gerações de sonhadores-fazedores, dos *sovietes* de 1905 e 1917, da Comuna de Xangai de 1968 à *zad* de hoje no *bocage* do oeste francês e às comunidades autônomas zapatistas nas montanhas do sudeste mexicano.

Kristin Ross já tinha escrito, nos anos 1980, um belíssimo livro sobre a espacialidade da Comuna invocando o poeta-trabalhador, transformado pela Comuna, Arthur Rimbaud.[1] Agora, no contexto dos levantes globais, volta a se debruçar, nesta incrível obra publicada em 2015, sobre a curta e extraordinária experiência proletária de 72 dias de insubordinação criativa e suas sobrevidas.

estouro e existência

A pesquisadora da cultura e política francesas dos últimos dois séculos nos leva para as reuniões populares que estavam fervilhando a partir de 1868, quando o Segundo Império relaxa um pouco suas leis repressivas e abranda a censura. Embora os sindicatos fossem proibidos, a partir da década de 1860 cai o delito de coalizão e se permite a emergência das associações de tra-

---

[1] Ross, Kristin. *Rimbaud, la Commune de Paris et l'invention de l'histoire spatiale.* Paris: Les Prairies Ordinaires, 2013 [1988].

balhadores. Vai se formando um corpo coletivo contestatário, em greves (legalizadas em 1864), em restaurantes em regime de cooperativa e em espaços como salões de danças, salas de concertos e armazéns onde se juntavam multidões ávidas por rebelião.[2] Nesses clubes, as "colmeias zumbidoras" espraiam a ideia de uma comuna social nas *classes perigosas* (o grito-chamado acima abria e encerrava muitos desses encontros). A polícia (e seus numerosos espiões), sempre estudiosa das sementes da oposição, vai acompanhar isso de perto – um fervoroso adversário da Comuna vai chamar as reuniões públicas de "Collège de France da insurreição", percebendo essa escola de elaboração coletiva desobediente. Quando o clima parisiense esquenta para valer, o governo proíbe e fecha todos os clubes no dia 22 de janeiro de 1871.

No início de março, num contexto de derrota e rendição dos governantes, os batalhões da guarda nacional se agitam: organizam um encontro, elegem uma comissão executiva, pensam numa estrutura federativa e levantam a bandeira de defesa da República. Muitas armas estavam em Paris, que havia vivido cinco meses de cerco e penúria, e o governo envia 10 mil soldados aos bairros operários para retomá-las. Na madrugada do dia 18 de março, o exército estava recolhendo os canhões que defenderiam a cidade na guerra contra a Prússia – era perigoso deixá-los com a população em convulsão. As mulheres de Montmartre se jogam nos canhões e nas armas dos soldados que não se mexem. O general das tropas ordena abrir fogo contra elas. Um suboficial grita mais alto para levantarem as armas, e é obedecido pelos soldados (será fuzilado por Versalhes me-

---

[2] Merriman, John. *A Comuna de Paris: 1871 origens e massacre*. Rio de Janeiro: Anfiteatro, 2015 [2014], p. 22-23.

ses depois)[3]. No que alguns dizem ter sido o primeiro dia de sol do ano, a revolução brota, com sua embriaguez que tudo pode mudar e deslocar.

Daí se encarna um dos mais fantásticos experimentos políticos de igualdade e dignidade – um conjunto de atos de destituição do Estado e suas instituições burocráticas por homens e mulheres *comuns*. Anônimos revolucionários, um messias coletivo composto por trabalhadores vindos do interior atraídos pelo *progresso*, artesãos em grande número, operários e mulheres, vagabundos e artistas. Um movimento produz novas condições, relações, afetos e subjetividades, e libera e potencializa as capacidades. O mundo de ponta-cabeça como em todos os processos revolucionários, nos quais as hierarquias são subvertidas e as ruas e a cidade tomadas – "podemos amar uma cidade, conhecer as casas, as ruas na sua mais longínqua e terna memória, mas é somente na hora da revolta que apreendemos realmente a cidade como *sua* cidade".[4]

Antítese do Império, eis o autogoverno da classe operária. Seu principal trunfo? Sua "existência em ato", a "forma política enfim encontrada para a emancipação do trabalho".[5] Não decreta nem proclama o fim do Estado e dos capitalistas, mas agencia ambos com medidas concretas importantíssimas que ali se esboçaram. A Comuna suprime o exército permanente e o caráter político da polícia, substituindo-os pela população

---

[3] Michel, Louise. *La commune*. Paris: La Découverte, 2015 [1898], p. 178; 266.

[4] Jesi, Furio. *Spartakus: symbolique de la révolte*. Bordeaux: La Tempête, 2017 [1970-1977], p. 101.

[5] Marx, Karl. "The Civil War in France". Em: Marx, Karl e Engels, Friedrich. *Writings on the Paris Commune*. Draper, Hal (org.). Nova York: Monthly Review Press, 1971 [1871], p. 76.

em armas. Seus conselheiros municipais são eleitos, com mandatos imperativos e permanentemente revogáveis, e o mesmo ocorre com os demais funcionários públicos – como magistrados e juízes – que passam a receber salários de operários. Ataca-se o poder da Igreja, cortando seu financiamento público e expropriando seus bens. As fábricas e oficinas abandonadas são transformadas em cooperativas. Institui-se a liberdade de imprensa e a moratória dos aluguéis, expulsões e dívidas. O casamento passa a ser livre, e a Comuna adota as crianças não reconhecidas e torna gratuita e para todos a educação (com operários-professores), além de organizar cursos noturnos e salas de leituras em hospitais e creches nos bairros operários. Uma efervescência cultural exuberante, com atrizes e atores tomando posse dos teatros e abrindo-os. Os muros se tornam falantes (com cartazes de diversos formatos e cores) como depois, no mesmo lugar, em 1968 e em 2016-2020.

O governo autoritário abandona a cidade, deixando para trás, inclusive, os doentes nos hospitais. Nas suas poucas dez semanas, a Comuna sustenta as infraestruturas da vida na forma de uma autogestão generalizada – "a posse direta dos trabalhadores sobre todos os momentos de suas atividades".[6] Rompe, assim, os limites entre o político, o cultural, o social e o econômico, numa proposta geral, total, de uma nova presença. Esse corpo político se opõe à dominação monárquica e de classe, mas, sobretudo, se constitui de modo positivo, a partir da deliberação e tomada de decisões não mais secretas, e sim abertas à criação coletiva.

[6] Debord, Guy. *A sociedade do espetáculo: comentários sobre a sociedade do espetáculo*. Rio de Janeiro: Contraponto, 1997 [1967].

composição e luxo comunal

Para J. B. Clément, autor da célebre música *Le temps des cerises* e um dos defensores da última barricada, "a germinação extraordinária das novas ideias surpreendeu e causou terror, o cheiro da pólvora comprometeu sua digestão; eles foram pegos de vertigem e não nos perdoarão". A sinistra semana sangrenta de maio ceifa milhares de vidas em sua reação despótica. Os meios que não foram empregados contra os prussianos o serão contra a Comuna (a verdadeira inimiga da ordem), que se encontrava cercada, na parte norte e leste, pelos prussianos e, na parte sul e oeste, por Versalhes – uma aliança de classe sem falhas. "Paris foi cortada na faca", diz Louise Michel, usando uma imagem da caça. "Escrever esse livro", argumenta a professora e comunarda, "é reviver os dias terríveis nos quais a liberdade passou raspando na gente e fugiu do abatedouro".[7]

Mas não é nesse abjeto e covarde massacre que, felizmente, se concentra Ross. Em outra bonita contribuição anterior, a autora reflete sobre 1968 e sua invenção política que persiste e se reinventa, como na *zad* de Notre-Dame-des-Landes, que ela já visitou várias vezes e sobre a qual editou e traduziu um livro em inglês.[8] Em 1967, a mítica editora Maspero publica o clássico *História da Comuna de* 1871, de Lissagaray, um comunardo que se dedicou por mais de duas décadas a uma monumental contrapesquisa para desmontar as mentiras do poder – seu livro será proibido por um bom tempo. Em 1968, outro momen-

---

[7] Michel, Louise. *La commune*. Paris: La Découverte, 2015 [1898], p. 233; 42.

[8] Mauvaise Troupe Collective. *The Zad and NoTAV: Territorial Struggles and the Making of a New Political Intelligence*. Londres: Verso, 2018.

to de "febre de fé, de devoção, de esperança",[9] era impossível encontrar um exemplar nas livrarias parisienses que ferviam, todos já vendidos e lidos com entusiasmo.[10] Esses anos loucos vão marcar uma volta do interesse pela Comuna, inclusive por influência dos surrealistas e situacionistas, em facetas que recordam aquelas semanas intempestivas de 1871: a fusão entre política e cotidiano, militância e vida, o prazer das novas amizades e cumplicidades nos gestos anti-hierárquicos de associação e cooperação.

Sua ênfase é no pensamento comunardo, do evento em si e das duas décadas seguintes, na medida em que o acontecimento transformou alguns de seus atores e apoiadores, como Élisée Reclus e Paul Lafargue, mas também Marx, Kropotkin e William Morris. Ross não parte em busca de lições da história, mas de que modos essa experiência se insere no presente e nas suas lutas. Percebe, nesse sentido, a sagacidade do conceito de "luxo comunal", proposto no manifesto da Federação dos Artistas de Paris, escrito por Eugène Pottier, artesão e autor da *Internacional* (composta nas semanas posteriores à Comuna). Esse apelo do dia 13 de abril defende uma partilha não somente igualitária das coisas, mas também das nossas melhores habilidades, destacando as artes decorativas e os ofícios como marcenaria, cerâmica, costura, carpintaria, rendaria, sapataria e tantos saberes de artistas-operários. Uma beleza coletiva para todo mundo, de dimensão estética nas vidas cotidianas e não mais nos circuitos e apropriações elitistas e fechados. Uma aposta no fazer partilhado e na relação com a matéria, o trabalho livre, ou melhor, a livre atividade.

---

[9] Lissagaray, Prosper-Olivier. *Histoire de la Commune de* 1871. Paris: La Découverte, 2000 [1896], p. 200.

[10] Ross, Kristin. *Maio de* 68 *e suas repercussões*. São Paulo: Sesc, 2018 [2002].

Como parte intrínseca das lutas contra as divisões hierárquicas e dominações, ocorre uma sublevação contra as barreiras nacionais – a "Comuna anexou a França à classe trabalhadora de todo o mundo".[11] Os membros da Associação Internacional dos Trabalhadores (AIT) eram bem ativos nos clubes citados acima, fomentando um clima internacionalista e anticolonial. Uma das ações mais conhecidas da Comuna vai ser a derrubada da coluna da Praça Vendôme (feita com a fundição de canhões capturados) por ser uma celebração imperial e militarista de opressão de outros povos. Seu novo nome após a demolição? Praça Internacional. A categoria de estrangeiro é abolida, todos agora são cidadãos. Isso se concretiza na presença-chave dos poloneses Dombrowski na direção das operações de defesa militar e de Wroblewski (um oficial da insurreição polonesa de 1863), do húngaro Frankel (membro da AIT) na comissão do trabalho e da russa Élisabeth Dmitrieff, uma das fundadoras da União das Mulheres pela Defesa de Paris.

Essa organização é fundada a partir de um *Apelo às cidadãs* que se abre nomeando o verdadeiro inimigo – não o estrangeiro invasor, mas os franceses assassinos do povo e da liberdade. A União vai se dedicar a cuidar dos feridos com ambulâncias e comitês por bairros, além de distribuir marmitas revolucionárias. A União será um dos principais órgãos da Comuna e vai responder a anseios fortes do período anterior, nas reuniões populares desde 1868 e na formação da Sociedade para a Afirmação dos Direitos das Mulheres, sobre o trabalho das mulheres e salários mais dignos, direito ao divórcio e escolas primárias democráticas para as meninas. Naqueles dias embriagantes, um grupo majoritariamente feminino leva uma guilhotina ao pé da estátua de Voltaire e a queima; na sequência, todas serão jogadas no fogo.

---

[11] Marx, Karl. 1871, p. 80.

Os anos 1870 são marcados por uma dupla tensão, de "movimentos ou acontecimentos *espaciais*" decisivos. Por um lado, essa década marca um ambiente favorável à expansão colonial, com a velocidade e linearidade das estradas de ferro, conectando pontos antes inacessíveis, em coordenadas sistemáticas e numa movimentação geopolítica consoante com o imaginário da linha reta de Haussmann que perfurou e destruiu bairros operários. A reação, por outro, vai qualificar a Comuna de "Paris no poder dos pretos" e os comunardos de "selvagens, um anel no nariz, tatuados de vermelho, fazendo a dança do escalpe sobre os destroços enfumaçados da Sociedade", explicitando a guerra civil (e o aniquilamento, cá e lá). Uma categoria racial englobando operários e animais, selvagens e bárbaros que Rimbaud vai reivindicar e positivar como vínculo político concreto.[12]

A Comuna, apesar dos limites apontados (por não ter se coordenado bem militarmente e não ter tomado todo o dinheiro do Banco da França), encanta Marx e Bakunin, proudhonianos e blanquistas. Uma confluência das águas subversivas na proposição posterior de um "comunismo anarquista" e sua bagunça das divisões entre perspectivas em conflito (comunismo e anarquismo, por exemplo). A onda de choque da Comuna produz transformações em intelectuais, que se afetam por esse acontecimento e, cada um, com seu tempero, elabora a aposta por uma "transformação baseada numa vasta federação voluntária de associações livres em nível local". Ross sabiamente conecta a insurreição numa das "capitais do mundo" com o interesse aguçado dos pensadores ligados à Comuna (Reclus, Marx, Morris e Kropotkin) pela organização coletiva da terra em tantos povos e até em coletividades não humanas. O *mir* russo, pescadores e camponeses islandeses,

---

[12] Ross, Kristin. *Rimbaud, la Commune de Paris et l'invention de l'histoire spatiale*. Paris: Les Prairies Ordinaires, 2013 [1988], p. 16; 206.

os iroqueses da América da Norte, o apoio mútuo como chave dos mundos animal, vegetal e humano, o elo entre Louise Michel e outros deportados com os Kanak na Nova Caledônia.

Isso nos situa num dos planos mais significativos de hoje – conjugar organização territorial e laços solidários transnacionais, o que já estava presente nos limites do isolamento que deixava vulneráveis tanto a Comuna de Paris (nos seus vínculos com o campo) quanto as comunas rurais. William Morris, em *Notícias de lugar nenhum*, imagina a derrubada da coluna de Nelson, monumento nacionalista na Trafalgar Square, em Londres e sua substituição por um pomar, com damasqueiros. O prático e o belo, o útil e o poético nas artes de não ser governado. Partamos da abundância.[13] Não do luxo vazio, destrutivo, medíocre e monocultural capitalista, mas do luxo comunal da riqueza existencial dos povos da terra em luta, nas Américas e no planeta. A comuna como "*organização da fecundidade*",[14] pelo prazer das lutas-vidas-criações; como composto por Waly, cantado por Gil e encenado pelo Oficina e por tantas, a felicidade guerreira.

Jean Tible é doutor em Sociologia (Unicamp), mestre em Relações Internacionais (IRI/PUC-Rio) e professor de Ciência Política da USP. É co-organizador dos livros *Junho: potência das ruas e das redes* (Fundação Friedrich Ebert, 2014), *Cartografias da emergência: novas lutas no Brasil* (FES, 2015) e *Negri no Trópico 23° 26'14"* (Editora da Cidade, Autonomia Literária e n-1 edições, 2017).

---

13 Ferreira da Silva, Denise, comunicação pessoal, agosto de 2020.

14 comitê invisível. *Aos nossos amigos*. São Paulo: n-1 edições, 2016 [2014].

Introdução

Neste livro, eu tentei costurar os elementos de um imaginário que fomentou os acontecimentos conhecidos como a Comuna de Paris de 1871, e que subsistiu no tempo; um imaginário ao qual os comunardos e eu damos o nome de "luxo comunal". Por 72 dias na primavera de 1871, uma insurreição liderada por trabalhadores transformou a cidade de Paris em uma comuna autônoma e começou a implementar, de modo improvisado, a organização livre de sua vida social de acordo com os princípios de associação e cooperação. Desde então, tudo o que ocorreu naquela primavera em Paris tem sido motivo de controvérsia e de análise – do choque causado pelo fato de pessoas comuns exercerem, numa grande capital europeia, poderes e capacidades normalmente restritos a uma elite dominante até a selvageria da retaliação do Estado. O panorama histórico da Comuna que traço aqui é, ao mesmo tempo, vivencial e conceitual. Por "vivencial", quero dizer que os materiais que usei para compô-lo consistem nas palavras, atitudes e ações efetivamente ditas, adotadas e performadas pelos insurgentes e alguns de seus simpatizantes e companheiros contemporâneos mais próximos. "Conceitual", por sua vez, significa que essas palavras e ações são elas mesmas produtoras de um número de lógicas que me senti compelida a seguir pelas páginas adiante. Estabeleci como ponto de partida a ideia de que a única maneira de atingir os efeitos mais centrífugos da Comuna é ater-se insistentemente à natureza e ao contexto particular das palavras e das invenções de seus atores. É notável que, levando-se em conta a volumosa quantidade de análises políticas inspiradas pela Comuna, o *pensamento* comunardo tenha recebido, historicamente, pouca atenção, até mesmo de autores e acadêmicos politicamente simpáticos à memória do evento. Ainda assim, muito desse pensamento – aquilo que os insurretos fizeram, o que eles pensaram e disseram sobre o que fizeram, o significado que deram a suas ações, os nomes e as palavras que adotaram, importaram ou disputaram – está há muito tempo disponível, reeditado, por exemplo, na França pelo editor de esquerda François Maspero durante o último período de grande visibilidade da Comuna, nas décadas de 1960 e 1970. Eu preferi me concentrar nessas vozes e ações, e não no extenso conjunto de comentários e análises políticas que se seguiram, sejam eles celebratórios ou críticos. Não tive a preocupação de me limitar aos sucessos ou aos fracassos da Comuna, ou em estabelecer relações diretas com as lições que ela pode ter fornecido ou pode vir a fornecer aos movimentos, insurreições e revoluções posteriores. Para mim a noção de que o passado *forneça* lições não é tão clara. Como Walter Benjamin, entretanto, acredito que há momentos em que um evento ou luta particular entram vividamente na representabilidade do presente, e, a mim, esse parece ser o caso da Comuna hoje.

O cenário político mundial em 2011 foi dominado pela figura e pela fenomenologia do acampamento, ou ocupação; e foi o retorno da forma ocupacional do protesto que me fez retomar a cultura política da Comuna de Paris com um conjunto diferente de questões daquele que animou a poética histórica da Comuna que escrevi nos anos 1980.[15] As preocupações que

---

[15] Cf. Ross, Kristin. *The emergence of social space: Rimbaud and the Paris Commune*. Mineápolis: University of Minnesota Press, 1988; Londres, Nova York: Verso, 2008.

dominam a agenda política atual – a questão da remodelação de uma conjuntura internacionalista, o futuro da educação, do trabalho e o estado da arte, a forma-comuna e sua relação com a teoria e com a prática ecológica – sem dúvida guiaram a forma como eu enxergo a cultura da Comuna hoje e são a base do livro que aqui apresento. De modo geral, não senti a necessidade de tornar explícitas as ressonâncias da Comuna com a política atual, ainda que acredite que elas, sim, existam (algumas até engraçadas, como a vez, em novembro de 2011, que o *New York Times* desavisadamente identificou uma jovem ativista entrevistada nas ruas de Oakland, Califórnia, como Louise Michel).[16] Há pouca necessidade de expor em detalhes que a forma de vida sob o capitalismo contemporâneo – com o colapso do mercado de trabalho, a emergência da economia informal e o debilitamento dos sistemas de solidariedade social ao redor do mundo superdesenvolvido – guarda mais do que uma fugaz semelhança com as condições de trabalho dos operários e artesãos que fizeram a Comuna no século XIX, os quais, em sua maioria, passavam a maior parte do tempo não trabalhando, mas *buscando trabalho*. Tornou-se cada vez mais aparente, particularmente depois do ocorrido em países como Grécia e Espanha, que nem todos estão destinados a serem trabalhadores imateriais habitando na tecnoutopia criativa capitalista pós-moderna em que futurologistas diziam que estávamos dez anos atrás (e em que insistem desesperadamente que estamos). A forma como as pessoas vivem hoje, trabalhando meio período, estudando e trabalhando ao mesmo tempo, equilibrando-se entre esses dois mundos e entre o trabalho que foram ensinadas a realizar e aquele que se veem obrigadas a fazer

---

[16] Wollan, Malia. "Occupy Oakland Regroups, Calling for a Strike". *New York Times*, 1º nov. 2011.

para sobreviver, ou negociando as enormes distâncias que são obrigadas a percorrer, migrando, muitas vezes, somente para encontrar trabalho, tudo isso sugere para mim, e para outros, que o mundo dos comunardos é mais próximo a nós do que o mundo de nossos pais. Sendo assim, é razoável que os jovens de hoje em dia, não absorvidos por uma trajetória profissional em *design* de *games*, em operação de *hedge funds* ou em burocracias de *smartphones*, os quais tentam estabelecer espaços e meios de vida nas fronteiras de várias economias informais, testando as possibilidades e as limitações de um *viver diferente moderno*, em uma economia capitalista global próspera (quando escondemos suas crises), achem interessantes os debates que se deram entre os refugiados comunardos e seus simpatizantes na Jura, nos anos 1870, que levaram à teorização do chamado "comunismo anarquista" – trazendo debates sobre comunidades descentralizadas, modos de construí-las e fazê-las prosperar e modos de "federá-las" em relações de solidariedade.

Se eu me abstenho de atrelar mais explicitamente as reverberações da Comuna aos acontecimentos e à cultura política do presente, é, em parte, porque o que mais me intriga sobre o evento é a forma como ele foi desatado – liberto, talvez, como o *Barco bêbado* de Rimbaud, especialmente após 1989 – das duas historiografias dominantes que ancoravam a representação e a compreensão aceitáveis da Comuna: a história oficial do comunismo de Estado de um lado, e a história republicana francesa nacional, de outro. Liberta da imposição dessas duas linhagens e suas estruturas narrativas, não vejo nenhuma necessidade de me apoiar em outras linhagens. O fim do comunismo de Estado liberou a Comuna do papel que desempenhara na historiografia comunista oficial. Depois de 1989, ela já não estava mais atrelada à dança apócrifa de Lênin em frente ao Palácio de Inverno, sob a neve, no 73º dia da Revolução Russa – o dia a mais pelo qual a revolução durou em comparação à Comuna e que fazia desta uma revolução fracassada a qual a nova corrigia. Além disso, grande parte da minha argumentação tem como objetivo esclarecer que a Comuna nunca pertenceu realmente à ficção nacional francesa, à sequência de radicalismo heroico do republicanismo francês, da qual ela, a Comuna, supostamente seria o último espasmo do século XIX. Se tomarmos com seriedade a declaração de um de seus mais conhecidos participantes, Gustave Courbet, de que, durante a Comuna, "Paris renunciou ao papel de capital da França",[17] fica difícil sustentar a convicção de que foram os insurgentes, os quais lutaram e morreram em grande número em Paris, que de algum modo "salvaram a República".

O imaginário que a Comuna de Paris nos deixa não é nem o de uma classe média nacional republicana, nem o de um coletivismo organizado pelo Estado. O luxo comunal não é nem o luxo burguês (francês) que o cerca, nem os experimentos coletivos utilitários de Estado que o sucederam e que dominaram a primeira metade do século XX. Talvez seja por isso que outro de seus participantes, muitos anos depois e em uma avaliação altamente crítica da estrutura política da Comuna, concluiu que ela

> preparou para o futuro, através não de seus regentes, mas de seus defensores, um ideal mais superior do que o de todas as revoluções que a precederam [...], uma nova sociedade na qual não há mestres por direito de nascença, de título ou de riqueza, assim como nenhum escravo por origem, por casta ou por salário. Em todo lugar, a palavra "comuna" foi entendida em seu sentido mais

---

[17] Courbet, Gustave. *Correspondance de Courbet*, 30 abril de 1871. *In*: CHU, Petra Doesschate (org.). Paris: Flammarion, 1996.

> amplo, em referência a uma nova humanidade, feita de companheiros livres e iguais, alheios à existência de velhas fronteiras, que ajudariam uns aos outros em paz, de um extremo a outro do mundo.[18]

Com sua capacidade de pensar conjuntamente domínios de formação social que a burguesia se devota a manter separados – notadamente, a cidade e o país, mas também a teoria e a prática, o trabalho mental e o manual –, os comunardos tentaram reiniciar a história francesa numa base inteiramente outra. Tal base e tal história, entretanto, não poderiam mais ser pensadas como exatamente "francesas" ou nacionais em seus contornos. A base da Comuna era, ao mesmo tempo, menos e mais expansiva do que isso. A imaginação comunal operava na escala preferida da unidade autônoma local, dentro de um horizonte internacionalista. Havia pouco espaço para a nação ou, ademais, para o mercado e o Estado. Esse arranjo de desejos se mostrou extremamente potente no contexto em que foi gerado – que outro momento seria melhor para lançar um projeto tão expansivo do que após tamanha derrota do Estado francês e da repressiva sociedade burguesa que o apoiava?

No começo desta introdução, me referi à Comuna como uma insurreição liderada por trabalhadores que durou 72 dias e transformou Paris numa comuna autônoma cuja vida social foi recalibrada de acordo com os princípios da cooperação e da associação. No entanto, mesmo uma simples representação como essa pode se tornar parte do problema. Para explorar o que se quer dizer com "luxo comunal", precisei ampliar o quadro histórico e geográfico do evento para além dos 72 dias parisien-

---

[18] Reclus, Elisée. *In*: *La Revue blanche*, 1871*: Enquête sur la Commune* [1897]. Paris: Editions de l'Amateur, 2011, p. 81-82.

ses – da tentativa de captura dos canhões, em 18 de março, aos sangrentos dias derradeiros do massacre, no fim de maio – aos quais o evento é geralmente circunscrito. Seguindo Alain Dalotel e outros, dou início ao evento com a febre que irrompeu nas reuniões e clubes da classe trabalhadora nos últimos anos do Império; e dou cabo com o extenso exame do pensamento que foi produzido nos anos 1870 e 1880, quando os comunardos refugiados e exilados na Inglaterra e na Suíça, como Elisée Reclus, André Léo, Paul Lafargue e Gustave Lefrançais, entre outros, se encontraram e colaboraram com vários de seus apoiadores e simpatizantes: pessoas como Marx, Kropotkin e William Morris. Ainda que geograficamente distantes da insurreição primaveral, estes três últimos contemporâneos, assim como Arthur Rimbaud, que mencionei antes, estavam entre os muitos para quem o que os eventos de Paris, durante aquelas poucas semanas, se tornaram um ponto de virada em suas vidas e pensamentos.

Alterei os costumeiros limites temporais e espaciais da Comuna para incluir a forma pela qual ela transbordou para estas cenas adjacentes por duas razões muito precisas. A temporalidade expandida me permite mostrar que a guerra civil não foi, como normalmente se afirma, um produto das dificuldades circunstanciais e do patriotismo gerados pela guerra estrangeira; ela me permite, de fato, mostrar o contrário: a guerra estrangeira foi um aspecto momentâneo de uma guerra civil em curso. Além disso, colocar em primeiro plano a produção teórica que se seguiu, realizada pelo movimento em exílio fora da França – em vez, por exemplo, dos pensadores que o precederam, os proudhonianos ou blanquistas –, me permite traçar, nos deslocamentos, nas interseções e nos escritos dos sobreviventes, um tipo de pós-vida que não necessariamente *vem depois*, mas que, no meu modo de ver, é parte e parcela do evento em si. A palavra francesa *survie* [sobrevivência] evoca isso bem: uma vida após a vida; não a memória do evento, ou o seu legado, embora certamente alguma memória e algum legado estivessem sendo produzidos, mas a sua *prolongação*, tão vital à lógica do evento quanto os atos iniciais de insurreição nas ruas da cidade. Trata-se de uma continuação do combate por outros meios. Na dialética do vivido e do concebido – frase de Henri Lefebvre –, o pensamento de um movimento é gerado somente com ele e após ele, posto que liberado pelas energias criativas e pelo excesso do próprio movimento. Ações produzem sonhos e ideias, não o inverso.

Um pensamento tão intimamente ligado ao excesso de um evento não apresenta nem a fineza, nem a afinação da teoria produzida a uma distância segura, seja geográfica, seja cronológica. Ele carrega os traços de seu momento, ou melhor, vê a si mesmo como *uma parte contínua* da construção efetiva daquele momento e, portanto, é um tipo de pensamento construtivo e mal talhado. Guarda pouca semelhança com a "alta teoria", no senso comum do termo. *A guerra civil na França* não é o mesmo tipo de livro que *O capital.* E se Reclus e Morris, por exemplo, são às vezes considerados pensadores pouco claros ou assistemáticos, é porque eles insistiram em considerar o pensamento como criação e construção de um contexto no qual ideias podem ser produtivas e imediatamente efetivas no instante em que ocorrem.

Quando escrevi pela primeira vez sobre o comunardo Elisée Reclus, há 25 anos, seu trabalho era praticamente desconhecido fora dos estudos de certos geógrafos anticoloniais pioneiros, como Béatrice Giblin e Yves Lacoste. Agora Reclus está no centro de uma enorme quantidade de atenção internacional dedicada a repensar o seu trabalho como uma espécie de ecologista *avant la lettre*. Seus escritos sobre o anarquismo, como os de Kropotkin, também têm motivado um interesse renovado. Ao mesmo tempo, William Morris surgiu na mente de muitos como a voz fundadora de um discurso sobre "ecologia socialista". Mas o foco dos estudos correntes, por mais proveitosos que tenham se mostrado ao meu próprio pensamento, se exime em fundamentar, a não ser circunstancialmente, o pensamento político de Morris, Kropotkin e Reclus em sua relação histórica com aquilo que Morris denominou uma "tentativa de estabelecer a sociedade na base da liberdade do trabalho, a que chamamos de Comuna de Paris de 1871".[19] Estabelecer tal conexão é parte do trabalho das últimas seções deste livro. Outro objetivo é comparar a reconsideração profunda e inter-relacionada, no trabalho desses três autores, da noção que Reclus chamou de "solidariedade", Morris, de "companheirismo", e Kropotkin, de "mutualismo", não como sensibilidade moral ou ética, mas como estratégia política.

Em minha tentativa de delinear a *survie* imediata ao movimento – o que aconteceu no tempo de vida de seus participantes –, fui lembrada de uma imagem emprestada do livro favorito, entre os muitos que ele assinou, de Reclus: *L'Histoire d'un ruisseau* [A história de um riacho]. Nesse pequeno livro, escrito para crianças em idade escolar e geralmente regalado como um prêmio didático, o autor evoca a forma serpentina de um "pequeno sistema de riachos que aparecem na areia uma vez que as ondas do oceano retraem".[20] Se, para os nossos propósitos, a onda é tanto a enormidade das aspirações e realizações da Comuna quanto a violência do massacre que a esmagou, então, em

---

[19] Morris, William. "The hopes of civilization". *In*: Morton, A. L. (org). *The political writings of William Morris*. Londres: Wishart, 1973, p. 175.

[20] Reclus, Elisée. *Histoire d'un ruisseau*. Paris: Actes Sud, 1995, p. 93.

seu despertar e *durante* esses dois contramovimentos de força gigantesca, um pequeno sistema de túneis de ar, a evidência de um mundo não visto, aparece – desde já – na areia. O sistema de rápidas trocas, interseções e colaborações de formas simbólicas de solidariedade e encontros espalhados, e não raro efêmeros, pode até ser momentâneo, mas não deixa de ser uma força impulsionadora – e é isso o que tentei transmitir na parte final deste livro. *L'Histoire d'un ruisseau* é útil para nós também em outro sentido, pois sugere como podemos entender o poder histórico desproporcional da Comuna como evento em relação à sua pequena escala. O livro de Reclus era parte de uma série comissionada por Pierre-Jules Hetzel, editor de Júlio Verne, Proudhon e Turguêniev, idealizada com uma ambição enciclopédica típica de meados do século XIX: oferecer aos adolescentes uma "literatura de histórias" – histórias de coisas e elementos geralmente não considerados como detentores de uma história. Assim, um astrônomo muito conhecido foi chamado para escrever a história do céu, e Viollet-le-Duc assinou a história de uma prefeitura e de uma catedral. A escolha de Reclus por escrever a história de um riacho refletiu sua predileção por um tipo de escala geográfica não patológica que favorecia o campo, por exemplo, ou a vila, ou o bairro. A Comuna talvez seja melhor figurada pelas qualidades que Reclus atribui ao riacho montanhês em seu livro. Sua escala e geografia são habitáveis, e não sublimes. O riacho, em seu ponto de vista, era superior ao rio pela imprevisibilidade de seu curso. As torrentes de água de um rio correm por um profundo sulco feito pelos milhões de litros das torrentes predecessoras; o riacho, por outro lado, faz seu próprio caminho. Exatamente por essa razão, a força relativa das águas de qualquer riacho montanhês é proporcionalmente maior que a do rio Amazonas.

Capítulo 1

Além do "regime celular de nacionalidade"

A nossa bandeira é a bandeira da República Universal

Quando Marx escreveu que o que mais importava na Comuna de Paris de 1871 não eram os ideais que ela buscou concretizar, mas a sua própria "existência efetiva", ele jogou luz sobre o fato de que os insurgentes não compartilhavam ideia alguma da sociedade vindoura. A Comuna foi, nesse sentido, um laboratório de invenções políticas, arranjado na hora ou improvisado a partir de cenários e de frases do passado reconfigurados de acordo com a necessidade, e estimulado pelos desejos que haviam sido despertados nas reuniões populares do fim do Império. Embora tenha sido uma insurreição ocorrida na capital e envolta na bandeira da República Universal, a Comuna como evento e como cultura política sempre se mostrou resistente a qualquer integração homogênea à narrativa nacional. Conforme um de seus membros lembrou anos mais tarde, a Comuna foi, acima de tudo, "um audacioso ato de internacionalismo".[21] Sob a Comuna, Paris desejou ser não a capital da França, e sim um coletivo autônomo em uma federação universal de povos. Não pretendeu ser um Estado, mas um elemento, uma unidade

---

[21] Chauvière, M. *apud* Caron, Jean-Claude, *La Revue blanche, 1871: Enquête sur la Commune* [1897]. Paris: Editions de l'Amateur, p. 51.

dentro de uma federação de comunas que, em última instância, era internacional. Ainda que os historiadores frequentemente salientem a quantidade e a proeminência de alguns dos membros estrangeiros da Comuna, a originalidade não nacionalista dela não tem sido central em sua rememoração habitual. E os vestígios da produção e da prática desse distinto aspecto de seu imaginário político não são facilmente percebidos em histórias recorrentes sobre o evento, preocupadas, na maior parte, com as manobras militares e as brigas e conquistas legislativas no Hôtel de Ville.[22]

Para vislumbrar esses vestígios, precisamos nos voltar a passagens como a que segue, das memórias de Louise Michel. É abril de 1871. Nesse ponto, Michel já descrevera, em suas palavras, "um homem negro como azeviche, com dentes pontudos como os de um animal selvagem; ele é muito bom, muito inteligente e muito corajoso, um antigo zuavo[23] pontifício convertido à Comuna":

> Numa noite, não sei como, aconteceu de estarmos nós dois sozinhos na trincheira em frente do posto; o antigo zuavo pontifício e eu, com dois rifles carregados [...] fomos incrivelmente afortunados pelo fato de o posto não ter sido atacado naquela noite. Enquanto cumpríamos nossa tarefa de sentinela, indo e vindo pela trincheira, ele me disse ao cruzar comigo a meio caminho:

---

[22] N. da E.: o Hôtel de Ville de Paris é o edifício público que abriga as instituições do governo municipal de Paris.

[23] N. da E.: composto principalmente por homens jovens, solteiros e católicos, os Zuavos Pontifícios eram parte de um regimento militar criado em meados de 1860 para defender o Estado Pontifício durante a sua última década de existência, oferecendo ajuda ao Papa Pio IX em sua luta contra o Risorgimento italiano.

> — Qual é o efeito que a vida que estamos levando tem sobre você?
>
> — Bem — eu disse —, o efeito de ver no horizonte uma praia que havemos de alcançar.
>
> — Para mim — ele respondeu —, o efeito é o de ler um livro ilustrado.
>
> Continuamos indo e vindo na trincheira, sob o silêncio dos versalheses, em Clamart.[24]

Aqui podemos começar a discernir a composição improvável e não planejada das atividades da Comuna, práticas que eram capazes de colocar lado a lado um africano da guarda papal e a ex-professora primária Louise Michel, com seus velhos coturnos militares por baixo do vestido, ambos, e mais ninguém, incumbidos da sentinela tarde da noite. O Exército Papal havia lutado pela França na Guerra Franco-Prussiana, mas debandara quando os prussianos invadiram Paris. Esse fato ajuda a explicar a presença do africano no lugar e no momento em questão, mas não a sua conversão à Comuna. Mas, mais importante do que a combinação visual impactante desses dois indivíduos em uma narrativa, e em uma trincheira, é a reflexão que podemos ter sobre a compreensão da própria participação na história e nos mecanismos desta *no momento mesmo em que ela, a história, está ocorrendo*. São reflexões enigmáticas e elípticas, sim, mas podemos interpretá-las mais ou menos assim: estamos indo a algum lugar novo ou estamos lendo um velho livro ilustrado, uma história de aventura, talvez, ou uma história da Revolução Francesa? É nosso destino alcançar um mundo novo, ou somos apenas personagens reproduzindo falas e ações preestabeleci-

---

24 Michel, Louise. *La Commune: histoire et souvenirs [1898]*. Paris: La Découverte, 2005, p. 170.

das na narrativa? Seremos nós homens novos, mulheres novas, ou representações reposicionadas no imaginário vividamente colorido de uma velha história? As experiências expressadas pelos dois comunardos são diferentes e mostram quão diferentemente a relação de um indivíduo com sua própria subjetivação política vem a ser vivida. Entretanto, elas não são contraditórias, e nos permitem perceber a transformação, dentro da Comuna, da experiência do tempo, bem como a sua relação com o social, uma relação que tem tudo a ver com as formas da memória histórica que adquirem novas configurações e silhuetas, ou que mobilizam velhas configurações e silhuetas dentro de um novo contexto.

A pré-história dessa cena pode ser encontrada nas ondas de pó e de entusiasmo, na febre que tomou as reuniões populares e os encontros de clubes em toda a Paris nos dois anos finais do Império. Prosper Olivier Lissagaray, veterano da Comuna, além de seu primeiro e mais influente historiador, nunca depositou muita importância nas reuniões populares, que entendia como antros da postura e retórica jacobinas – muito papo e pouca ação –, cenários de falas, e não de atos. Todos os grandes relatos históricos da Comuna seguiram os passos de Lissagaray, ancorando e iniciando a história da Comuna em 18 de março de 1871, mais especificamente em um ato (ou melhor, um ato fracassado), que Marx chamou de a tentativa "furada" de Thiers de confiscar os canhões de Montmartre, canhões estes que pertenciam à Guarda Nacional e que haviam sido pagos por contribuição dos locais. Mulheres operárias se confraternizaram com os soldados, que se recusaram a acatar a ordem de atirar na população. Seja em Frank Jellinek, Stewart Edwards, Henri Lefebvre e, mais recentemente, Alain Badiou, todas as histórias ou análises da Comuna essencialmente se constroem sobre o edifício de um capítulo proeminente intitulado "O 18 de março". Assim, a Comuna se inicia pelo desastroso excesso por parte do Estado e pela reação provocada por ele; as suas origens são espontâneas e circunstanciais, brotadas das particularidades da Guerra Franco-Prussiana, motivadas pelo forte sentimento de defesa nacional dos parisienses. Com este último ponto, até mesmo Thiers, que se referiria à Comuna como um "patriotismo mal orientado", ou "patriotismo extraviado", concordaria.[25]

Se começamos pelo Estado, terminamos no Estado. Sendo assim, comecemos, em vez disso, pelas reuniões populares do final do Império, pelas várias associações e comitês que as reuniões geraram, e pelo "zumbido" que foram os clubes revolucionários do Cerco. Aí então temos um quadro diferente, pois foram as reuniões e os clubes que criaram e orientaram a ideia – muito antes do fato – de uma comuna social. O que se desenvolveu nos encontros foi o desejo de substituir um governo composto por traidores e incompetentes por uma organização comunal, isto é, uma cooperação direta de todas as energias e inteligências. A polícia da época, inúmeros comunardos e um ramo minoritário de historiadores subsequentes à Comuna sabiam bem disso. "Foram os clubes e as associações que causaram todo o mal [...], eu atribuo todos os eventos que se passaram em Paris aos clubes e às reuniões [...], ao desejo daquelas pessoas em viver melhor do que sua condição permite".[26] Em seu dicionário da Comuna, o anticomunardo Chevalier d'Alix define os "clubes" e reuniões públicas como "o Collège de Fran-

---

[25] Thiers, Adolphe *apud* Caron, Jean-Claude, *op. cit.*, p. 43.

[26] Depoimento de um policial do Governo de Defesa Nacional em 1872. *Apud* Wolfe, Robert. *The origins of the Paris Commune: the popular organizations of* 1868-1871. 1965. Tese (Doutorado) – Harvard University, Cambridge, 1965, p. 162.

ce da insurreição".[27] O historiador Robert Wolfe escreve: "Se for necessário ligar as origens da Comuna a um ponto de partida singular, não seria a pior decisão eleger 19 de junho de 1868, data da primeira reunião pública não autorizada na Paris do Segundo Império".[28]

No entanto, eu escolheria um ponto de partida diferente, alguns meses depois. A cena é a mesma: a reunião noturna no salão de baile Vaux-Hall, em Château-d'eau. Os parisienses já tinham, então, conquistado o direito de reunião e associação e vinham promovendo encontros havia alguns meses. Nas primeiras reuniões, veteranos de 1848, velhos e experientes oradores, se juntaram a jovens trabalhadores da seção parisiense da Associação Internacional dos Trabalhadores e a refugiados de Londres, Bruxelas e Genebra. Aqueles que discursaram o fizeram "com decoro, tato, muitos com algum talento, e demonstraram conhecimento factual das questões sobre as quais tratavam".[29] Por diversas semanas, os tópicos foram o trabalho feminino e modos de garantir o aumento salarial às mulheres. Dois meses de encontros similares se seguiram: eram apresentações ordenadas e fundamentadas em estatísticas sobre os sa-

---

[27] D'alix, Chevalier. *Dictionnaire de la Commune et des communeux*. La Rochelle: A. Thoreux, 1871, p. 16.

[28] Wolfe, Robert, *op cit.*, p. 41. Outros historiadores enfatizaram a importância das reuniões e dos comitês populares, como Alain Dalotel, Alain Faure e Jean-Claude Freiermuth, em *Aux origines de la Commune* (Paris: Maspero, 1980); Jean Dautry e Lucien Scheler, em *Le Comité Central Républicain des vingt arrondissements de Paris* (Paris: Éditions Sociales, 1960); e Martin Philip Johnson, em *The Paradise of Association* (Ann Arbor: University of Michigan Press, 1997).

[29] Lefrançais, Gustave. *Étude sur le mouvement communaliste à Paris en* 1871. Neuchâtel: G. Guillaume Fils, 1871, p. 46.

lários das mulheres, às quais a imprensa prestava pouca atenção e o governo por vezes se esquecia de infiltrar policiais à paisana. Numa noite de outono, entretanto, um certo Louis Alfred Briosne, 46 anos de idade, floricultor, tomou a palavra em meio a uma atmosfera de tédio generalizado. Nem a estatura abaixo da média, nem o fato de que o corpo trazia as marcas da tuberculose, à qual ele sucumbiria pouco depois, o detiveram de inflamar o recinto:

> Chegou à tribuna um homem baixo que, enquanto várias pessoas observavam, se inclinou sobre o pódio como se estivesse prestes a atravessar o público a nado.
>
> Até então, os oradores começavam sua fala com a fórmula sacramental: "Senhoras e Senhores...". Esse orador, numa voz clara e apropriadamente vibrante, bradou um apelo que havia sido completamente esquecido por um quarto de século: "Cidadãos e cidadãs!".
>
> O recinto irrompeu em aplausos. É possível que na continuação o homem que foi recebido desse modo não tenha falado nada mais interessante do que falaram seus predecessores... E o que importa? Ao lançar seu "cidadãos", ele havia evocado – de propósito ou não, quem saberá? – um mundo de memórias e de esperanças. Cada pessoa presente foi provocada, teve calafrios [...], o efeito foi imenso e reverberou para além daquelas paredes.[30]

O comunardo Gustave Lefrançais, a quem devemos o testemunho, estabelece uma ligação da ressonância das palavras diretamente a seu último momento de uso comum, um quarto de século antes – palavras sagradas do vocabulário revolucioná-

---

30 Lefrançais, Gustave. *Souvenirs d'un révolutionnaire [1902]*. Paris: La Fabrique, 2013, p. 266-267.

rio que se espalharam amplamente em 1789 e novamente em 1848. A palavra "cidadãos" se encontrava entre as denominações originadas em 1789 e que eram mantidas vivas graças às sociedades secretas e às tradições revolucionárias. Já "patriotas", outra palavra do tipo, havia caído em desuso entre os jovens socialistas e simplesmente não era ouvida em 1871. Ainda assim, a força particular do uso da palavra por Briosne no encontro em Vaux-Hall tem menos a ver com uma evocação nostálgica do que com o fato de que "cidadão", nesse contexto, não conota filiação a um corpo nacional, mas sim um fracionamento nesse mesmo corpo, uma cisão social, uma divisão afirmada no coração da cidadania nacional; uma separação do cidadão daquilo que, no momento da enunciação, se torna seu antônimo: os agora moribundos *senhores* e *senhoras*, a burguesia, *as pessoas de bem*. E "conotar" é o vocábulo errado aqui, pois as palavras concretizam uma violenta inscrição de divisão social, uma asserção ativa, autoanuente, de desidentificação – ao Estado, à nação, a todos os costumes e *politesses* fáticos que compõem a classe média francesa. As palavras cidadão, cidadã deixam de indicar pertencimento nacional para se dirigir àqueles que se separaram da coletividade nacional. E por ser apelativo, uma forma de tratamento de segunda pessoa direta, as palavras criam esse vão ou divisão no *agora*, no momento contemporâneo constituído pelo ato de fala. Elas criam uma nova temporalidade no presente e, essencialmente, um programa de ação – algo que todos os discursos somados que apresentaram dados estatísticos bem-intencionados sobre o trabalho feminino não chegaram nem perto de começar a criar. Elas permitem uma compreensão do presente, em seu desenrolar, como histórico e como mudança. Paradoxalmente, talvez, neste exemplo, são as palavras não ditas "senhoras e senhores", e não *cidadãos*, que, quando proclamadas e repetidas, criam o espaço-tempo da nação. Pois a temporalidade repetitiva criada pela "fórmula sacramental" "senhoras e senhores" é o tempo saturado da nação; um tempo espacializado, de fato, conforme a observação de Ernst Bloch, de que não existe espaço. "Assim, a nacionalidade", ele escreve, "conduz o tempo, seja na história ou *para além dela*: é espaço e taxa orgânica, nada mais; é aquele 'coletivo verdadeiro' cujos elementos subterrâneos, supõe-se, engolirão a inquietante luta de classes do presente...".[31] O termo "cidadão", por outro lado, pode ser velho e se originar em outro momento do passado político, mas sua iteração nesse contexto cria o agora de uma subjetivação política compartilhada: "a inquietante luta de classes do presente". Ele convoca o ouvinte a ser parte do presente. A expressão cidadãos e cidadãs conclama, assim, um sujeito atribuído de inúmeras desidentificações: ao Estado, ao Império, à polícia e ao mundo das assim chamadas *pessoas de bem*. Não se direciona ao cidadão nacional francês, mas conjura um ideal de mulher e de homem livre; um ser circunscrito não nacionalmente, e é endereçada a e respondida por tais ouvintes.

O que transcorreu nas reuniões e nos clubes beirou uma fusão quase brechtiana entre pedagogia e entretenimento. Cobrava-se uma taxa de entrada de alguns centavos para a conta de luz. Os encontros do clube forneciam instrução, ainda que a finalidade pedagógica desta fosse aberta ao debate. Eram "escolas para o povo",[32] frequentadas, segundo o comunardo Elisée

---

[31] Bloch, Ernst. *Heritage of Our Times*. Berkeley: University of California Press, 1990, p. 90.

[32] Sébille. [Fala no Club Folies-Belleville], 30 jan. 1869 *apud* Dalotel, Alain; Faure, Alain; Freiermuth, Jean-Claude. *Aux origines de la Commune*. Paris: Maspero, 1980, p. 13.

Reclus, por "cidadãos que, em sua maior parte, nunca haviam conversado uns com os outros até então".[33] Nas palavras de outro observador da época, eram "escolas de desmoralização, perturbação e depravação".[34] Além disso, as reuniões noturnas tinham, de fato, substituído os teatros, que haviam sido fechados pelo governo antes mesmo do cerco, e alguns oradores costumeiros eram conhecidos por sua teatralidade extravagante. Segundo Maxime du Camp, o sapateiro Napoléon Gaillard proferiu quarenta e sete discursos entre novembro de 1868 e novembro de 1869, não raro usando um barrete frígio.[35,36] Antes de 4 de setembro, certos tópicos eram policiados e sujeitos a censura, e um suspense considerável era gerado entre os palestrantes, que a qualquer momento podiam se aventurar em território proibido, fazendo que o evento fosse interditado em meio ao estrondo de uma oposição vociferante.

Em geral, no entanto, a censura governamental dos tópicos relacionados a política e religião teve o efeito paradoxal de produzir uma especulação mais vasta e imaginativa. Era proibido, por exemplo, denunciar certos cortes governamentais, porém discussões sobre como dar cabo a qualquer tipo de herança podiam ocorrer sem problemas. A delimitação dos estreitos parâmetros daquilo que o Império considerava político permi-

---

33 Reclus, Elisée. *La Commune de Paris, au jour le jour,* 1871, 19 *mar.* -28 *mai.* Paris: Schleicher Frères, 1908, p. 46.

34 Merson, Ernest *apud* Wolfe, Robert, *op. cit.*, p. 163.

35 N. da E.: o barrete frígio é uma espécie de touca, originariamente utilizada pelos moradores da Frígia (antiga região da Ásia Menor). Foi adotado, na cor vermelha, pelos republicanos franceses que lutaram pela tomada da Bastilha em 1789 e, por essa razão, tornou-se um forte símbolo do regime republicano.

36 Dalotel, Alain; Faure, Alain; Freiermuth, Jean-Claude, *op. cit.*, p. 96.

tiu uma visão mais completa da transformação social que se vislumbrava. Não se podia falar contra o imperador ou seus vários funcionários, mas era possível advogar o fim da propriedade privada, tanto que um palestrante proferiu: "a propriedade individual da terra é incompatível com a nova sociedade".[37] O ódio ao capitalismo, assim como a denúncia de "vampiros" ou "canibais" burgueses, era um tópico constante, e um dos favoritos de oradores como Gaillard pai. "A grande questão [nos clubes] é o pão, isto é, a propriedade: qualquer que seja o tópico tratado, no fundo é sobre isso".[38] Em encontros públicos, em que qualquer um era livre para falar, mas nos quais o público expulsava às vaias quem o desagradasse, nenhuma facção ou geração política haveria de dominar. Depois de 4 de setembro, conforme as reuniões se transformavam em clubes com posições ideológicas mais distinguíveis, certos oradores assíduos se tornaram "fixos" em certos clubes. Mas existiam sempre os *orateurs de hasard*, amadores que falavam pela primeira vez, assim como os *orateurs ambulants*, como Gaillard filho, que realizavam uma espécie de colportagem de diferentes discursos e trabalhavam de clube em clube para disseminar estratégias. O clube presidido por Blanqui, o Club de la Patrie en Danger, era ambulante por definição, já que a cada semana se reunia em um lugar diferente, acordado de última hora, em qualquer canto da cidade.

Desde os primeiros meses de 1869, os pedidos pela Comuna podiam ser ouvidos em todas as reuniões; e "*vive la Commune*"

---

[37] Louis-Albert. *Les Orateurs des réunions publiques de Paris en* 1869. *Compte rendu des séances publiques*. Paris: Imprimerie Town et Vossen, 1869, p. 38.

[38] Reclus, Elisée. [Carta a Pierre Faure], 1869. *In*: Reclus, Elisée. *Correspondances*. v. 3. Paris: Librairie Schleicher, 1914, p. 63.

era o grito que abria e fechava cada sessão nos clubes mais revolucionários, ao norte de Paris: Batignolles, Charonne, Belleville, Villette.[39] As atas dos clubes, que a essa altura os próprios membros publicavam a fim de combater a má-representação burguesa sobre atos cometidos, revelam uma espécie de crescendo da expectativa febril que envolvia a "questão ardente da Comuna".[40] Como um *slogan*, a Comuna dissipou divergências entre facções de esquerda, permitindo que houvesse solidariedade, aliança e um projeto compartilhado:

> Nós a teremos, com certeza, a nossa Comuna, a nossa grande Comuna democrática e social [...], a luz descerá das alturas de Belleville e de Ménilmontant, para dissipar as sombras negras do Hôtel de Ville. Nós varreremos a oposição como o zelador varre os apartamentos aos sábados. [Risos e aplausos prolongados. Há um grande tumulto ao fundo do recinto quando um cidadão que fora descoberto depreciando o assoalho embutido do salão é violentamente jogado para fora].[41]

Oradores ambulantes ajudaram os clubes revolucionários a se federarem entre si, na agora famosa estrutura compartilhada por todas as organizações embrionárias que precederam a Comuna, mas que foram, em muitos aspectos, indistinguíveis dela. Tal estrutura, uma espécie de federação descentralizada de

---

[39] Dalotel, Alain; Faure, Alain; Freiermuth, Jean-Claude, *op. cit.*, p. 255-256. Os encontros em 1869 eram devotados, por exemplo, ao tema da "Organização social da Comuna" ou da "Comuna social: formas e meios de execução".

[40] Molinari, Gustave de. *Les Clubs rouges pendant le siège de Paris*. Paris: Garnier, 1871, p. 217.

[41] *Ibidem*, p. 68.

comitês locais independentes, focados nos trabalhadores e organizados por *arrondissement*[42], havia sido adotada pela seção da Internacional em Paris, que, na primavera de 1870, contava com algo em torno de 50 mil membros. Era também a estrutura da Guarda Nacional, que, a esse ponto, havia de fato "federado a si mesma". Membros da Internacional organizaram os primeiros Comitês de Vigilância, compostos por pessoas eleitas nas reuniões públicas, as quais, então, elegiam seus delegados para o Comitê Central dos Vinte *Arrondissements*, instalado num quarto concedido pela Internacional na Praça da Corderie. Todos esses embriões, ou radiografias, da Comuna comprovam a existência de uma estrutura revolucionária fortemente descentralizada, organizada por *arrondissement* e compromissada com reocupações populares como alimentação e ódio ao clero, por seu "luxo oriental" e sua isenção à luta. "Vamos despi-los [padres e seminaristas] em camisas e fazê-los marchar até as muralhas!".[43]

Ao afastar o foco de nossa atenção do Hôtel de Ville tanto antes quanto depois de 26 de março, quando o governo comunardo de certo modo estabeleceu residência ali, estou tentando tornar visível outra geografia política e social na cidade, uma que incluía os clubes que se encontravam por Paris, assim

---

[42] N. da E.: os *arrondissements* de Paris correspondem a uma divisão administrativa que decompõe a comuna de Paris em vinte *arrondissements* municipais, estão distribuídos segundo uma espiral que se desenvolve no sentido dos ponteiros do relógio a partir de um ponto central da cidade localizado no Louvre. Cada *arrondissement* está subdividido administrativamente em quatro bairros [*quartiers*], que correspondem aproximadamente aos quartos noroeste, nordeste, sudoeste e sudeste do respectivo *arrondissement*.

[43] *Ibidem*, p. 113, 170.

como a Praça da Corderie, com seu triunvirato composto pela Internacional, pelo Comitê Central dos Vinte *Arrondissements* e, após o início de março, pelo Comitê Central da Guarda Nacional. Foi para a Praça da Corderie que, por exemplo, se dirigiu o desabrigado marceneiro Jean-Louis Pindy ao ser solto da prisão em 4 de setembro, pois sabia que ali acharia uma cama. E foi para lá também que Elisabeth Dmitrieff se dirigiu assim que chegou de Londres, no dia 28 de março, enviada por Marx como correspondente especial para reportar à Internacional sobre a Comuna. Na Praça da Corderie, mais do que no Hôtel de Ville, as questões nos primeiros meses de 1871 não são propriamente nacionais. Tudo o que há é a luta mais ampla pela Revolução na forma da união livre dos coletivos autônomos, contra o Estado.

A Comuna era tanto a palavra de ordem quanto a coisa em si. Tentar diferenciar um do outro ou estabelecer o momento em que um se transformou no outro talvez seja em vão. Isso porque, para o comunardo Arthur Arnould, a Comuna era menos um levante do que o advento ou a afirmação de uma postura política:

> [Após janeiro de 1871] Paris não tinha governo – este havia ido para Bordeaux, o exército estava em desestima e pobremente armado, os generais eram desprezados como um todo, não havia nenhuma polícia nas ruas [...]. Nós não tínhamos nada senão um poder autônomo, representado por Monsieur Tout le Monde. Naquele momento, e esse é um ponto que não tenho como enfatizar o suficiente, por ser tão importante e aparentemente ter passado batido, *a Comuna já existia de fato*.[44]

[44] Arnould, Arthur. *Histoire populaire et parlementaire de la Commune de Paris*. Bruxelas: Librairie Socialiste de Henri Kistemaeckers, 1878, p. 80.

Arnould, que, após o fim da Comuna, sobreviveria como vendedor de galinhas em seu exílio suíço, escreveu uma análise teórica da Comuna com o mesmo título que Lenin escolheria algumas décadas depois: *O Estado e a revolução*. Ele prossegue:

> Paris havia sido deixada à própria sorte, separada do governo de Bordeaux tanto em termos de distância física quanto emocional. Paris vivia sua vida própria, seguindo sua própria vontade. [...] Aprendera a sentir absoluto desprezo pelas duas únicas formas governamentais que existiram até então em nosso país: a monarquia e a república oligárquica, burguesa [...].
>
> A Comuna de Paris era algo MAIS e algo OUTRO que um levante. Era o advento de um princípio, a afirmação de uma postura política. Em síntese, não era só mais uma revolução, mas uma nova revolução, que carregava nas dobras de sua bandeira um programa totalmente original e característico.[45]

E a sua bandeira era a da República Universal.

O que se altera no republicanismo quando a república em questão é concebida como uma república universal? No segundo dia após a proclamação da Comuna, todos os estrangeiros foram admitidos às fileiras, porque "nossa bandeira é a da República Universal".[46] Leo Frankel, eleito membro da Comuna, escreve a Marx em 30 de março:

> Fui eleito para a Comissão de Trabalho e Comércio com diversos outros membros da Internacional, e esse fato me compele a lhe enviar esta nota. A minha eleição foi validada no encontro de

45 *Ibidem*, p. 80, 92, 163.

46 *Journal Officiel de la république française sous la commune* [1871]. Paris: Editions Ressouvenances, 1995, p. 103.

> hoje, e me é desnecessário adicionar o quão contente fiquei por isso e que aprecio o acontecido não de um ponto de vista pessoal, mas única e exclusivamente por seu caráter *internacional*.[47]

Foi durante o cerco de Paris [1870-1871] que o termo "república universal" ganhou proeminência nos clubes, nos movimentos de comitês, e entre os membros da Internacional, que concomitantemente usavam o termo *République des Travailleurs* [República dos Trabalhadores]. Ele fazia referência a uma série de desejos, identificações e práticas que não podiam ser contidos ou definidos pelo território do Estado ou circunscritos à nação, e distinguia vividamente quem o pronunciava dos republicanos parlamentaristas ou liberais que acreditavam na preservação de uma autoridade estatal forte e centralizada como garantidora da ordem social. A República Universal pretendeu o desmantelamento da burocracia imperial e, mais importante, seu exército permanente e sua força policial. "Não basta emancipar cada nação do punho do rei", escreveu Elisée Reclus,

> deve-se emancipá-las da supremacia de outras nações. Suas fronteiras, aqueles limites e marcos que transformam em inimigos povos simpáticos, devem ser abolidas [...]. Nosso grito de guerra não é mais "Vida longa à República", mas "Vida longa à República Universal".[48]

O termo não se originou com a Comuna, no entanto. Reiterado ao longo da insurreição e nos anos que a precederam, "repú-

---

[47] Frankel, Leo. [Carta a Marx], 30 mar. 1871 *apud* Braibant, Sylvie. *Elisabeth Dmitrieff, aristocrate et pétroleuse*. Paris: Editions Belfond, 1993, p. 122.

[48] *Le Libertaire*, 28 ago. 1 out. 1925.

blica universal" devia sua existência a um breve momento de internacionalismo durante a revolução de 1789.[49] Seu criador, o prussiano de nascença Anacharsis Cloots, apoiou a Revolução Francesa, assim como Tom Paine, por razões internacionalistas. Isso, entretanto, não salvou Cloots da guilhotina. Porém, longe de implicar um retorno aos princípios burgueses da revolução de 1789, o *slogan* "república universal", quando proclamado pelos comunardos, marca, isto sim, a ruptura com o legado da Revolução Francesa e o aceno a um verdadeiro internacionalismo da classe operária. Os comunardos mostrariam em três importantes atos a real dimensão da reapropriação que fizeram do *slogan*: a queima da guilhotina na Praça Voltaire, no dia 10 de abril; a destruição da Coluna de Vendôme, construída para glorificar as conquistas imperiais de Napoleão, em 16 de maio; e o estabelecimento da União das Mulheres, em 11 de abril.

Quando um grupo composto majoritariamente de mulheres derrubou e incendiou a guilhotina sob a estátua de Voltaire, sua intenção era, ao que parece, romper com qualquer equivalência ou igualação entre a revolução e o cadafalso. A destruição da Coluna de Vendôme, de acordo com o comunardo Benoît Malon, foi conduzida como uma acusação das guerras entre os povos e como promoção da fraternidade internacional. Em parte porque a coluna atormentaria Gustave Courbet pelo resto de sua vida, acusado que foi de ser o responsável pela destruição do monumento, sua derrubada é um dos atos mais conhecidos dos comunardos, e não trataremos dele aqui. (O que é menos conhecido é o rebatismo que eles realizaram após demolir a coluna: "Deste momento em diante, a Praça Vendôme é chamada

---

[49] Cf. Wahnich, Sophie. *L'impossible citoyen*. Paris: Albin Michel, 1997; e também Hashmi, Bilal. *Wordling the Universal* [trabalho não publicado].

Praça Internacional").[50] Voltemos, em vez disso, à União das Mulheres e sua fundadora, a russa Elisabeth Dmitrieff, então com vinte anos de idade.

Em um espaço de tempo surpreendentemente curto, Elisabeth Dmitrieff estabeleceu um tipo de interseção ou conduíte entre os dois pensadores políticos mais significativos do momento: Marx e Tchernichevski. E o fez em dois âmbitos: na teoria e na prática. Antes da Comuna, Dmitrieff havia passado três meses em Londres, durante os quais se engajara quase que diariamente em discussões com Marx, no escritório deste, sobre as organizações rurais russas tradicionais, a *obshchina*[51] e a *artel*[52], bem como sobre a teorização que elas vinham sofrendo

---

[50] Jeanneret, Georges. *Paris pendant la commune révolutionnaire de '71* [1872]. Paris: Editions d'Histoire Sociale, 1968, p. 140.

[51] N. da E.: *obshchina* (общи́на) em russo significa literalmente comuna, mas se refere normalmente a *selskoye obshestvo* (сельское общество), isto é, comuna rural – muitas vezes também referidas como mir (мир). A obshchina, portanto, é o lugar próprio do camponês russo e sua reprodução urbana é, tanto mais, um esforço dos populistas (*narodniks*) como resistência ao despotismo do tsarismo no século XIX. A *obshchina*, portanto, era um símbolo do passado russo que trazia em seu interior a perspectiva de uma convivência justa, igualitária e solidária, capaz de esculpir um futuro alternativo à realidade triste do tsarismo – a incrível, e resiliente, existência dessas comunas dentro do território russo do século XIX, à época sob o jugo imperial, expressava, por várias razões, uma experiência de resistência por ela mesma, o que soa parecido com o que significam as aldeias indígenas brasileiras no século XXI para o imaginário ecológico, transformador e resistente.

[52] N. da E.: artel (Арте́ль) é um termo de origem incerta, talvez originário do eslavônico "jurar" ou mesmo um termo originário do italiano artiere ("artesãos"): eram cooperativas existentes desde o século XVI, fundadas em torno de um contrato oral, que tinha conotação de

por parte dos populistas russos, especialmente Tchernichevski. O conhecimento de Marx da língua russa era então avançado o suficiente para ler no original: ele lia cópias da revista coeditada por Dmitrieff, *Narodnoe Delo* [A causa do povo], que eram enviadas a Dmitrieff pela recém-formada seção russa da Internacional, em Genebra, com o intuito de informar Marx da nova seção.

A trajetória que levou Dmitrieff de São Petersburgo a Genebra e daí a seu encontro com Marx e suas atividades na Comuna foi impulsionada quase que unicamente por sua leitura, quando jovem, de uma novela de Tchernichevski que fora escrita em quatro meses enquanto o autor se encontrava preso na fortaleza de Petropavlosk por crimes contra o Estado. A novela, ou antinovela, *O que fazer?* – outro título que Lenin tomaria de empréstimo –, de 1863, proporcionou a Dmitrieff um roteiro a seguir. O casamento de conveniência que a libertou de sua família lhe deu acesso à herança que ela usaria para fundar *A causa do povo* e lhe permitiu viajar a Genebra, de cuja seção russa da Internacional Dmitrieff é fundadora, como consta no documento que lista seus membros instituidores.

---

juramento entre seus pares e que se destinava, em geral, a trabalhos temporários, como empreendimentos de pesca ou de construção. Sua existência, contudo, foi popularizada com o fim da servidão feudal na Rússia em 1861, quando passou a ser utilizada pelos agricultores recém-libertos, os quais por sua condição anterior de servos não estavam vinculados a nenhuma *obshchina* e precisavam se organizar em um *artel* para o plantio e, sobretudo, a colheita. Igualmente, passaram a surgir *artéis* de intelectuais e artistas nas grandes cidades russas. O *artel* existiu nas primeiras décadas da União Soviética, mas foi gradualmente abolido pelo processo de estatização.

Retomando a nossa discussão inicial sobre a memória de Louise Michel da função de sentinela, podemos dizer que, a seu próprio modo, Elisabeth Dmitrieff lia um livro ilustrado *e ao mesmo tempo* tentava alcançar uma praia desconhecida. A novela de Tchernichevski, lida e relida pela geração de jovens russos letrados da qual Dmitrieff fazia parte, relata a conquista da liberdade por Vera Pavlovna, que usa sua emancipação para viver comunalmente e trabalhar com outros jovens de pensamento semelhante para transformar a sociedade por meio de cooperativas de produção. A Vera ficcional conhece um coletivo de mulheres costureiras e transforma a empresa privada em uma produção cooperativa, e então em uma cooperativa também no nível do consumo, abordando todos os aspectos da vida cotidiana. A liberdade individual define a participação de cada uma no coletivo, e Vera Pavlovna se recusa a incorporar qualquer tipo de autoridade: "Ela se conforma às suas próprias regras: nunca ordena, mas aconselha, explica, oferece ajuda, contribui para a concretização das decisões do grupo".[53] O coletivo de costureiras ficcional de Tchernichevski, uma espécie de *obshchina* urbana, serviu como modelo real a incontáveis iniciativas similares na Rússia. *O que fazer?* varreu a Rússia como um incêndio selvagem; sua maior conquista foi apresentar um caminho para o socialismo que afastasse os leitores de sonhos distantes, atraindo-os para um encontro direto com a realidade cotidiana. Sua mensagem – e trata-se de um livro com uma mensagem – é que ações criam sonhos, e não o contrário.

---

[53] Tchernichevski, Nikolay. *What is to be done?* Ann Arbor: Ardis, 1986. p. 178. Para uma dimensão dos efeitos do romance de Tchernichevski nos leitores de sua época, cf. Werner, Sonia. "The reality effect and real effects of Chernyshevsky's What is to be done?". *Novel*, v. 47, n. 3, 2014.

Os escritos de Marx, praticamente desconhecidos na Rússia de então, já eram familiares a Dmitrieff quando de sua chegada a Genebra, em 1869, com o objetivo de construir uma convergência teórica entre as teorias econômicas de Marx e a crença de Tchernichevski no potencial emancipatório da comuna campesina tradicional. Genebra, onde residia também Bakunin, além de lugar onde inúmeros sobreviventes da Comuna passariam seus anos de exílio, se tornou assim o cenário do primeiro contato de revolucionários russos com um movimento socialista internacional. Ali Dmitrieff conheceu futuros comunardos, como Eugène Varlin e Benoît Malon, com quem, dois anos mais tarde, ela trabalharia nas ruas de Paris. Para russos como Dmitrieff, Nicholas e Natalie Utin, assim como para outros que escreviam para *A causa do povo*, o fato de ter sido a supressão russa da rebelião polonesa de 1863 o que ajudara a trazer a Internacional à vida era uma grande razão para apoiar a organização: "O significado arrebatador da Internacional [...] consiste justamente em servir como a expressão do movimento que abarca todos os países europeus, e os Estados Unidos, em prol de uma solidariedade de todos os trabalhadores, de todos os lugares".[54]

O projeto teórico da seção russa da Internacional em Genebra, pequeno e breve, tinha como objetivo mostrar que, embora a luta na Rússia – o campesinato contra o tsarismo – assumisse uma forma diferente daquela tratada por Marx, ela era a mesma luta. Mesmo concordando com Marx, os escritores de *A causa do povo* manifestavam-se em favor das questões campesinas. Eles queriam mostrar que os trabalhos da comuna campesina,

---

[54] *Narodnoe Delo*, n. 4-6, maio de 1869 *apud* Mcclellan, Woodford. *Revolutionary exiles: The Russians in the First International and the Paris Commune*. Londres: Frank Cass, 1979, p. 58.

assim como o comprometimento da Internacional com a coletivização da terra, não eram teoricamente ou concretamente incompatíveis com Marx e com o Ocidente. O programa da revista, depois ecoado no texto endereçado ao campesinato francês que Benoît Malon e André Léo escreveram de dentro da Comuna sitiada, afirmava o seguinte: "Quanto ao fundamento da justiça econômica, avançamos em duas teses fundamentais: a terra pertence àqueles que nela trabalham com suas próprias mãos; às comunas agricultoras. O capital e todos os instrumentos do trabalho [pertencem aos] trabalhadores: às associações de trabalhadores".[55]

O resultado teórico dessa fertilização cruzada foi uma espécie de "comuna revitalizada". É importante lembrar que Tchernichevski, quando comparado a outros populistas na Rússia, havia elevado a um grau teórico mais alto as conjunturas possíveis entre estruturas tradicionais e modernas. Sua teoria da preterição do estágio capitalista de desenvolvimento na Rússia – a ideia de que a Rússia poderia passar diretamente do semifeudalismo existente para o socialismo –, se baseava nas antigas estruturas comunais, as *obshchina*, e era livre de qualquer noção de "alma nacional russa" ou de "espírito eslavo", tão caras aos eslavófilos. "Não estamos dispostos a considerar este espírito comunal como uma qualidade secreta possuída exclusivamente pela natureza eslava ou grã-russa."[56] Nem se poderia permitir que essas antiquadas guildas artesanais continuassem no corporativismo estrito sob o qual haviam operado desde a Idade Média. Acima de tudo, elas deveriam ser despidas de seus modos opressivos e patriarcais. Sua revitalização e seu futuro potencial dependiam de que fossem reconfiguradas sobre mo-

---

[55] *Narodnoe Delo*, n. 1, 1 set. 1868. *In* Mcclellan, Woodford, *op. cit.*, p. 15.

[56] Tchernichevski. *In Narodnoe Delo*, n. 7-10, nov. 1869, p. 137.

delos socialistas como o Falanstério de Fourier[57]. Somente por uma fusão desse tipo a tal imaginário, poderiam as velhas estruturas servir como instrumentos à emancipação campesina.

Para Marx, os encontros com Dmitrieff e sua imersão nos escritos de Tchernichevski sobre a comuna agrícola teriam efeitos de longo alcance, os quais discutirei no Capítulo 3. O pensamento dele então se volta à possibilidade de caminhos múltiplos em direção ao socialismo – pensamento esse que só se formaria completamente muitos anos depois, em sua correspondência com outra jovem russa, Vera Zasulich.

Woodford McClellan, cujo livro sobre revolucionários russos no exílio serviu de referência para o meu relato sobre Dmitrieff em Genebra, comenta brevemente que os membros da seção russa da Internacional nunca conquistariam qualquer realização prática de seus esforços teóricos. Ainda assim, a façanha organizacional de Dmitrieff durante a Comuna, a União das Mulheres, não foi senão a convergência ativa das teorias de

---

[57] N. da E.: os Falanstérios de Fourier eram as construções idealizadas pelo filósofo Charles Fourier (1772-1837), consideradas como marcos do chamado socialismo utópico. Os falanstérios consistiam em grandes prédios comunais destinados à vida, mas também à produção econômica comunitária e lazer dos seus moradores. Seu nome deriva de "falange", um corpo de infantaria leve comum aos exércitos espartanos e macedônios, o que na época consistia nas tropas de lanceiros – os quais precisavam estar organicamente alinhados – junto com a ideia de "monastério". Poucos falanstérios deram certo, e sua aplicação mais bem-sucedida, na verdade, ocorreu nos Estados Unidos onde sua estrutura comunal encontrava guarida no imaginário ancestral das comunidades protestantes presbiterianas que fundaram o país – que eram relativamente horizontais e fechadas, muito embora normalmente opressivas.

Marx e de Tchernichevski. Mais tarde, Engels chamaria Dmitrieff de "filha espiritual da Internacional",[58] e Dmitrieff talvez tenha visto a si mesma como organizadora da Internacional. De fato, a União das Mulheres veio a ser considerada a primeira seção feminina da Internacional. Mas Dmitrieff não havia cessado sua leitura de *O que fazer?*. Ainda em São Petersburgo, aos dezesseis anos de idade, ciente das taxas exorbitantes que proprietários cobravam dos camponeses pela moagem do trigo, ela tentara planejar e instigar a criação de um moinho cooperativo comunitário que funcionasse sob os princípios do *artel*. Mas foi somente em Paris, e no contexto da Comuna, que o *atelier-phalanstère* da ficcional Vera Pavlovna alcançou uma existência efetiva na forma da União das Mulheres.

Fundada a 11 de abril, no ápice da Comuna, a União das Mulheres pela Defesa de Paris e pela Ajuda aos Feridos cresceu rapidamente, formando comitês que se encontravam diariamente em quase todos os *arrondissements* de Paris. Desse modo, tornou-se a maior e mais efetiva organização da Comuna. Seu conselho provisório era composto de Dmitrieff e sete mulheres operárias; sua filiação, ainda que variada, era dominada por mulheres do comércio de vestuários: costureiras, lavadeiras, tapeceiras. Sob certos aspectos, a União das Mulheres pode ser vista como a resposta prática a muitos dos problemas e das questões relativas ao trabalho feminino, que foi o tópico de discussão nas primeiras reuniões populares de 1868. E, da mesma forma que

[58] "Em geral, a propagação internacionalista que estou fazendo aqui para mostrar a todos os países, incluindo a Alemanha, que eles se encontram à beira da revolução social é uma proposição muito aprazível às mulheres." Dmitrieff, Elisabeth. [Carta enviada a Hermann Jung como intermediário de Marx], 24 abr. 1871 *apud* Singer-Lecocq, Yvonne. *Rouge Elisabeth*. Paris: Pascal Galodé, 2011, p. 130.

as discussões nas reuniões transitavam entre objetivos teóricos dilatados, como o fim da propriedade privada, e preocupações mais imediatas, como o fornecimento de carvão ou de lenha, a União pretendia uma reorganização total do trabalho feminino e o fim da desigualdade econômica baseada em gênero ao mesmo tempo que, como o seu nome propõe, engajava-se na situação de combate mais imediata e na necessidade de atuar em ambulâncias e de produzir sacos de areia para as barricadas – além de lutar nelas. "Queremos trabalho, mas com o propósito de manter o produto. Chega de exploradores, chega de mestres. Trabalho e bem-estar para todos."[59]

A União não demonstrava qualquer interesse em demandas parlamentares ou de direitos. Suas integrantes, como Louise Michel, Paule Minck e outras mulheres na Comuna, eram indiferentes ao voto (um objetivo central em 1848), assim como a outras formas tradicionais das ideologias republicanas em geral. Em outras palavras, a participação na vida pública não era, para elas, de modo algum ligada ao sufrágio. Muito mais importante era encontrar, com urgência, trabalho pago para as mulheres.[60] A União propôs a Frankel e à Comissão de Trabalho que se formassem em cada *arrondissement* oficinas de costura, associações produtivas livres incumbidas das vestimentas da Guarda Nacional; a Comissão, elas propunham, deveria encorajar "o crescimento de agrupamentos genuínos e homogêneos, presidindo-os em sua formação e ajudando-os a se desenvolver den-

---

[59] Dmitrieff, Elisabeth. "Appel aux citoyens de Paris". *Journal Officiel*, 11 abr. 1871, p. 225.

[60] Cf. Jones, Kathleen; Vergès, Françoise. "'Aux citoyennes!': women, politics and the Paris Commune of 1871". *History of European Ideas*, v. 13, n. 6, p. 771-732, 1991; Eichner, Carolyn. *Surmounting the barricades*. Bloomington: University of Indiana Press, 2004.

tro do espírito federativo, deixando-os, a todo momento, livres e autônomos".[61] Essas cooperativas de propriedade dos produtores seriam levadas, se tivesse havido tempo, para além dos muros da cidade, "postas em contato com associações similares na França e em outros países, de modo a facilitar a exportação e troca de produtos".[62] Em última instância, elas funcionariam como uma extensão da própria Comuna, como parte de uma federação internacional de cooperativas independentes.

Assim, a escala da Comuna como um "audacioso ato de internacionalismo" pode ser medida não somente pelo número de poloneses ou italianos que defendiam a sua bandeira, mas também pela interação entre teoria e prática que ela proporcionou além das fronteiras nacionais, tal qual a *obshchina*, desamarrada de suas raízes eslavófilas, trazida ao presente e desabrochada em uma grande capital europeia na forma da União de Mulheres da Comuna. A existência efetiva da Comuna que tanto impressionou Marx era, nesse sentido, nada mais do que uma prática vigorosa de *importação*: de modelos e ideias, de frases e *slogans* pertencentes a terras e a tempos distantes, a serem reformulados na atmosfera febril dos clubes e da Comuna. Era um modo de ser e de estar intensamente no presente que se tornou possível pela mobilização de figuras e frases do passado, acima de tudo da própria *comuna*, cuja carga afetiva esmagava qualquer conteúdo semântico que se pretendesse preciso, uma mistura poderosa de desejos pré-capitalistas e pré ou extranacionais, composta de partes iguais de revolução social, autonomia local e memória da Comuna insurrecional que, em

---

[61] *Apud* Edwards, Stewart. *The Paris Commune:* 1871. Chicago: Quadrangle, 1971, p. 266.

[62] Estatuto Geral da União das Mulheres. Citado em Eichner, *Surmounting the Barricade*, p. 86.

1792, fizera de Paris a capital da revolução. *Comuna*, naquele momento, era um nome que excedia tudo o que o vocábulo supostamente designava. Como a *obshchina*, os termos *cidadão*, *república universal* e *comuna*, ainda que emprestados do passado nacional, podiam passar pela destilaria do laboratório comunal, com sua cultura e objetivos internacionalistas, e ser imediatamente empregados para dissolver a burocracia estatal.

A República Universal contra o universalismo republicano

Em 15 de abril, a Assembleia Geral da União das Mulheres se reuniu e, "considerando que a Sra. Elisabeth Dmitrieff trabalhou com um zelo e uma energia além de sua idade", conferiu a ela o título de "cidadã de Paris, à espera de que a República Universal lhe desse as cartas de naturalização necessárias para fazê-la cidadã da humanidade".[63] A União das Mulheres evocou um chamado às cidadãs e se iniciara lembrando as mulheres sobre quem era o verdadeiro inimigo: "Seria o estrangeiro que quer invadir a França de novo? [...] Não. Esses inimigos, esses assassinos do povo e da liberdade são franceses.[64] De sua parte, aquele inimigo, o Versalhês, estava ciente e mesmo obcecado pelos estrangeiros presentes na Comuna.

A imagem de uma Comuna feita de poloneses, prussianos e italianos constituía uma calúnia habitual no discurso anti-Comuna, devida, entre outras, à recorrente assimilação da Comuna à Internacional. E como costuma ser o caso na contagem de imigrantes, *outsiders* ou estrangeiros, seus números eram

---

[63] *Apud* Braibant, Sylvie, *op. cit.*, p. 108.

[64] Dmitrieff, Elisabeth. "Appel aux citoyens de Paris", *op. cit.*, p. 225.

vastamente inflados. "A bandeira da Comuna", escreveu P. de Saint-Victor, "recrutou os mercenários e saqueadores de toda a Europa".[65] O Chevalier d'Alix, cujo dicionário anticomunardo eu já citei, define o "estrangeiro" como "aquele que compõe a maior parte dos insurgentes parisienses. Eles somam 30 mil, com todas as nacionalidades misturadas".[66] De modo similar, Hippolyte Taine, em carta escrita em maio de 1871, se refere aos "100 mil insurgentes atuais, dos quais 50 mil são estrangeiros".[67] Evidentemente, para esses observadores, não era o papel habitual de Paris como centro cosmopolita para visitantes de todo o mundo o que estava em questão; o problema residia, antes, no tipo de visitante que agora se encontrava em suas ruas. Como Marx afirmou vividamente: "Paris já não era mais o ponto de encontro de latifundiários britânicos, latifundiários absenteístas irlandeses, ex-donos de escravos estadunidenses e homens inferiores, ex-donos de servos russos e boiardos da Valáquia".[68]

Seria esse exagerado elemento estrangeiro no discurso Versalhês um sintoma ou uma tática? Os versalheses de fato percebem os comunardos como estrangeiros, ou estão retoricamente transformando-os na familiar caricatura do "agitador forasteiro" a fim de situar o mal fora das fronteiras nacionais? Qualquer tentativa de responder a essa questão é dificultada pela obscuridade da paranoia conservadora – em um momento em que a

---

[65] Saint-Victor, P. de. "L'Orgie rouge" *apud* Lidsky, Paul. *Les Écrivains contre la Commune*. Paris: Maspero, 1982, p. 66.

[66] D'alix, Chevalier. *Dictionnaire de la Commune et des Communeux*. Paris: Deuxième,1871, p. 25.

[67] Taine, Hippolyte. [Carta], 20 maio 1871 *apud* Lidsky, Paul, *op. cit.*, p. 68.

[68] Marx, Karl. *The civil war in France*. Nova York: International Publishers, 1976, p. 67.

Internacional abria suas enormes e ameaçadoras asas sobre a imaginação conservadora e era habitualmente acusada de fazer o jogo dos prussianos. Não só: estrangeiros como Dmitrieff, Dombrowski, Frankel e Wroblewski tiveram de fato um papel de grande destaque na liderança da Comuna, particularmente de seu braço armado. É importante lembrar, também, o contexto mais amplo: em 1870, a nação francesa não era uma entidade estabelecida, mas estava sendo construída. Nesse ano, por exemplo, somente uma a cada duas pessoas na França dominava a língua francesa, e a língua é, evidentemente, um critério central na determinação de quem é mais ou menos francês. Em verdade, o massacre dos comunardos se prestaria não apenas a inaugurar a Terceira República, mas também a consolidar a própria nação francesa. A "alteridade" por parte dos versalheses, sua percepção ou necessidade de ver os comunardos como "menos franceses" (e, portanto, mais fáceis de matar), era, nesse sentido, parte da tendência histórica da classe dominante em exibir o racismo de classe, considerando os trabalhadores como estrangeiros à nação. "No final do século XIX e mesmo no começo do século XX, setores inteiros da população, a começar pelo campesinato e, depois, pela massa de trabalhadores industriais como um todo, eram excluídos, pela classe dominante burguesa e aristocrática, da identidade de cidadãos nacionais."[69]

A atribuição, pelos versalheses, de um poder estrangeiro oculto à Internacional foi facilitada pelo fato de que a organização podia ser encaixada na mitologia que já existia em torno de outra organização internacionalista, a franco-maçonaria – que apoiou fortemente a Comuna. De fato, os primeiros gestos por parte de comunardos e futuros comunardos na direção do internacionalismo vieram, em sua maior parte, de figuras

[69] Elias, Norbert. *La Société des individus*. Paris: Fayard, 1991, p. 269.

como Frankel, que era membro da Internacional. Em fevereiro de 1871, quando se decidiu por pendurar bandeiras negras e permanecer atrás de portas fechadas quando os prussianos entrassem em Paris, Frankel propôs misturar as bandeiras vermelhas às pretas, nas quais se inscreveriam o nome de internacionalistas alemães como Liebneck e Jacobi, todos sob a bandeira da República Universal. Na véspera da guerra, Eugène Pottier, autor da letra da *Internationale*, descobriu um sindicato de artistas decorativos composto por quinhentos membros que aderira à Internacional e assinara o manifesto da Internacional Parisiense junto a irmãos da Alemanha e da Espanha contra aquilo que, num poema, Pottier chamou de "regime celular de nacionalidade".[70] Quando a guerra contra a Prússia foi declarada, em julho de 1870, membros da Internacional adotaram, pela primeira vez num meio socialista, uma posição antichauvinista, endereçando a seguinte mensagem aos trabalhadores onde quer que estivessem: "Mais uma vez, sob o pretexto do equilíbrio europeu e da honra nacional, a paz do mundo é ameaçada por ambições políticas; trabalhadores franceses, alemães e espanhóis, nós falamos numa única voz em repreensão à guerra [...], uma guerra que é, aos olhos dos trabalhadores, um absurdo criminoso".[71] Membros da Internacional organizaram muitos dos encontros inaugurais de clubes e agremiações, nos quais um internacionalismo de cepa pronunciadamente anticolonialista era frequentemente o tema da discussão. O pai de Isak Dinesen, Wilhelm, um observador simpatizante em Paris durante a primavera de 1871, que relata considerar-se, em sua

---

[70] Pottier, Eugène. "La Guèrre". *In*: Pottier, Eugène. *Chants révolutionnaires*. Paris: Comité Pottier, 1908, p. 35.

[71] Manifesto da Seção Parisiense da Internacional. *Le Réveil*, 12 jul. 1870.

situação de estrangeiro, excepcionalmente bem e cortesmente tratado, narra o discurso em um dos encontros:

> Hoje nós reclamamos de ser invadidos e pilhados por prussianos e estamos certos [...], mas não devemos nos esquecer que o que está sendo feito conosco nós fizemos a outros. Fomos à Crimeia, China, Roma, México, e lutamos com pessoas que não pediam nada mais do que conviver em paz.[72]

Uma quase total ausência de chauvinismo nacional caracterizou as discussões nos clubes. Repressões coloniais eram particularmente condenadas. Tolain, um joalheiro membro da Internacional, tocava constantemente na questão da Argélia: "Os franceses trouxeram a esse país não a civilização, mas a miséria e a servidão".[73] Outro orador: "A África florirá somente quando administrar a si mesma". O socialismo sancionado pelos oradores nada tinha de nacional; não havia como confundi-lo com o parlamentarismo burguês: "O socialismo é a redenção de todos os povos, a salvação para todos".[74] A guerra entre a França e a Prússia era vista por Eugène Varlin, por exemplo, como "um jogo ruinoso entre príncipes".[75]

Para Benoît Malon, a Comuna figurava menos como um evento na história nacional francesa do que como parte de um

---

[72] Dinesen, Wilhelm. *Paris sous la Commune.* Paris: Michel de Maule, 2003, p. 106.

[73] Tolain E Paulet *apud* Dalotel, Alain; Faure, Alain; Freiermuth, Jean-Claude, *op. cit.*, p. 253.

[74] Verlut *apud* Dalotel, Alain; Faure, Alain; Freiermuth, Jean-Claude, *op. cit.*, p. 254.

[75] Varlin, Eugène. *Pratique militante et écrits d'un ouvrier communard.* Paris: Maspero, 1977, p. 127.

quadro vasto, global, que incluía a revolta indiana contra o capitalismo britânico, a libertação dos escravos na América do Norte, as revoltas na Irlanda, Hungria, Polônia e a emergência da opinião liberal na Rússia, que prenunciava a liberdade para os servos. Na visão de Malon, a ferocidade da repressão à Comuna foi, nessa mesma esteira, uma lição que o exército aprendera no estrangeiro:

> Líderes militares franceses desenvolveram, por quarenta anos, a ferocidade necessária para alcançar o que os carrascos dos povos chamam de restabelecimento da ordem, que é o que destina a bela e infeliz raça árabe à perseguição mais repelente e à exterminação mais odiosa. De fato, é por terem queimado vilas argelinas ao longo de anos, e massacrado tribos, que os soldados são aptos a derramar sangue nas ruas de nossas cidades [...]. Todos os generais versalheses frequentaram essa escola.[76]

Os comunardos deportados à Nova Caledônia vivenciariam em primeira mão o contexto imperial suscitado por Malon. Só então é que muitos deles se deram conta de que Thiers e os versalheses vinham lutando em duas frentes na primavera de 1871: na Comuna, na capital (e, de modo breve, em outras poucas cidades francesas), e no extenso levante cabila no leste da Argélia. Foi em parte por causa da insurreição argelina e em parte porque o Norte da África era considerado perigosamente próximo que os comunardos foram enviados à Nova Caledônia, o mais longe possível, e não à Argélia, para onde tinham sido mandados os insurgentes de 1848. Em suas memórias dos anos de cárcere na Nova Caledônia, o comunardo Jean Allemane

---

[76] Malon, Benoît. *La Troisième Défaite du prolétariat français*. Neuchâtel: G. Guillaume Fils, 1871, p. 485-486.

narra a chegada, certa noite, de um comboio de prisioneiros argelinos: "A noite caía, escura e silenciosa. Os derrotados da Argélia e os derrotados da Comuna se sentavam lado a lado, pensando nas pessoas amadas, na desintegração de sua existência e na destruição de seu sonho de liberdade".[77]

A Comuna não era, como Engels posteriormente considerou, sinônimo da Internacional. Entretanto, um grosso veio de internacionalismo corre através da insurreição, colore a cultura que a precedeu e continua na experiência dos sobreviventes, muitos dos quais padeceram a rebelião canaca, na Nova Caledônia, ou sofreram para sobreviver em Genebra, Lausanne, Londres ou, como no caso de Eugène Pottier, em exílios atípicos, tais como Boston, Massachusetts e Nova York. "Os milhares de exilados que a queda da Comuna dispersou por todo o mundo civilizado", escreveu um deles em 1882, "perfaziam a quantidade de elos destinados a ligar a França ao grande movimento socialista internacional".[78] A tenacidade com que as forças de reação, após a Comuna, tentaram banir a organização, caçar e extraviar os comunardos sobreviventes demonstra perfeitamente a visão comum de que a Internacional e a Comuna eram tidas como sinônimas. Como proclamado por Jules Favre em junho de 1871: "Tal qual uma vasta maçonaria, a sua sociedade [a Internacional] abarca toda a Europa [...], odiá-la [...], puni-la, não é o suficiente. Deve-se cortar o mal pela raiz, destruí-lo".[79]

---

[77] Allemane, Jean. *Mémoires d'un Communard*. Paris: Maspero, 1981, p. 218-219.

[78] Melliet, M. *apud* Caron, Jean-Claude, *op. cit.*, p. 119.

[79] Favre, Jules *apud* Mcclellan, Woodford, *op. cit.*, p. 180. O texto da circular de Favre é reproduzido em Bourgin, Georges. "La lutte du gouvernement français contre la première International". *International Review for Social History*, v. 4, p. 50-56, 1939.

A compreensão comum de que o que arruinou a Primeira Internacional foi o confronto entre marxistas e anarquistas é, na opinião de McClellan, apenas parcialmente verdadeira: a real causa da morte da Internacional foi a reação que se seguiu à Comuna. Essa reação não foi nada menos do que uma contrarrevolução continental que se estendeu até pelo menos os anos 1880 e 1890. Nações de toda a Europa se juntaram numa competição colonial, numa empresa crucial para a continuação da consolidação do "regime celular de nacionalidade". E, ainda assim, já na anistia encontram-se textos como o que se segue, de autoria de um "socialista republicano", que tenta resgatar a memória da Comuna e mesmo a ideia de uma República Universal, como missão civilizadora:

> Somente as colônias podem salvar o gênio francês [...]. Se monarquistas querem conquistar de modo a extinguir nas raças virgens e incivilizadas qualquer aspiração à liberdade [...], nós, socialistas, também queremos colônias para salvar as raças da tirania e do jesuitismo aos quais foram imersas [...]. Em vez da catequese, lhe daremos o alfabeto e os direitos do homem. É uma grave tarefa incumbida a nós a de espalhar a república pela Terra. Se insistirmos no desastroso abandono das colônias, destruiremos o primeiro degrau da escada que nos leva à República Universal. A Comuna, com suas 50 mil mortes, salvou a República: Tonkin, Madagascar, Tunísia e Argélia a fizeram maior [...]. A França escolta um tesouro pelo mundo: a República.[80]

---

[80] Riel, Louis. "Socialisme et colonies" *apud* Vernault, Philippe (org). *Souvenirs amers: mémoires de François Camille Cron (1836-1902), déporté de la Commune en Nouvelle Calédonie*. Paris: Mercure de France, 1989, p. 349.

Nada poderia estar mais distante da República Universal prenunciada como uma "associação voluntária de todas as iniciativas locais",[81] "uma união livre de coletivos autônomos", ou uma "federação de povos livres" (Reclus) do que o universalismo republicano que viria a triunfar. O desenvolvimento político de uma figura como o comunardo e geógrafo Elisée Reclus demarca a distância que separa a República Universal do universalismo republicano. Reclus conheceu Malon em junho de 1868 e se juntou a ele na seção de Batignolles da Internacional. Durante a Guerra Franco-Prussiana, ele se viu trabalhando para consolidar a recém-estabelecida Terceira República e para, assim, criar uma atmosfera que conduzisse ao desenvolvimento da república social universal. Nessa época, ele parecia pensar numa lógica quase modular: a república como uma forma transportável, um pouco como Benedict Anderson descreve a forma-nação em *Comunidades imaginadas*. Podemos descrever o objetivo político de Reclus durante a guerra como a defesa não exatamente da França, da francesia, ou do solo francês, mas da *forma* republicana.

Entretanto, a experiência da Comuna provocou uma radical mudança na política de Reclus a qual, talvez não surpreendentemente, culminou numa enérgica rejeição à mesma Terceira República que ele havia lutado para defender. Durante o exílio, e pelo resto de sua vida, a república lhe pareceria puramente oportunista, uma miragem irrealizável, uma assembleia composta de "nobres pistoleiros".[82] Para Reclus, que mais tarde se referiria a si mesmo como um anarco-comunista, as vivências resultaram numa renúncia substancial ao nacionalismo francês

---

[81] *Apud* Edwards, Stewart (org.). *The Communards of Paris,* 1871. Ithaca: Cornell University Press, 1973, p. 83.

[82] Reclus, Elisée. [Carta a mme. Elie Reclus], jun. 1872. *In*: Reclus, Elisée. *Correspondances*. v. 2. Paris: Librairie Schleicher, 1914, p. 109.

e numa desidentificação aos Estados em geral, assim como na tentativa de formular uma teoria que solucionasse a necessidade de se trabalhar dentro dos Estados existentes ainda que com o fim de destruí-los. Enquanto, nos anos 1860, certo nacionalismo ou identificação nacional lhe era aceitável como força de liberação, após a Comuna, Reclus passou a compreender a identificação nacional exclusivamente como uma ficção artificial usada para conjurar pessoas contra seus vizinhos, uma ficção que estava a serviço unicamente de reis e do capital. O seu profundo antimilitarismo, em outras palavras, jamais conflitou com a sua sede de guerra contra o Estado. O anarquista Jean Grave uma vez observou que Reclus nutria uma espécie de ódio pela população de Paris, e é digno de nota que, tendo recebido a anistia em 1879, ele não retornou da Suíça à França até 1890, e mesmo assim não permaneceu por muito tempo. "Eu amo muito Paris", escreveu em 1882, "e é precisamente porque muito a amo que gostaria de voltar a pisar nela em condições similares àquelas que conheci [nos primeiros dias da Comuna]".[83]

Muitos outros exemplos podem ser usados para demonstrar que um horror à oportunista república burguesa marcou a geração de sobreviventes da Comuna. É isso, de fato, o que Lucien Descaves, o novelista que se tornou amigo de Gustave Lefrançais e de muitos outros após o retorno desses do exílio ou da deportação, em geral sós e invariavelmente pobres, documentaria nos prefácios que escreveu para os trabalhos deles. Seriam tais histórias que dariam forma a seu romance *Philémon, vieux da la vieille* [Philémon, sábio ancião] de 1913. A República Uni-

[83] Reclus, Elisée. [Carta a Richard Heath], fev. 1882. *In*: Reclus, Elisée. *Correspondances*. v. 2, *op. cit.*, p. 242. Para um melhor relato sobre a trajetória intelectual e política de Reclus, cf. Fleming, Marie. *The Geography of Freedom*. Montreal: Black Rose Books, 1988.

versal imaginada e, até certo ponto, vivida durante a Comuna não era simplesmente diferente da república que veio a se concretizar: era concebida em oposição à República Francesa timidamente parida em 1870 e mais ainda àquela que se firmaria sobre os cadáveres dos comunardos. Pois foi o massacre da Comuna – a extraordinária tentativa de eliminar, um por um e todos de uma vez, o inimigo da classe dominante – que fundou a Terceira República. Hoje, está na moda – uma moda desesperada por natureza – tentar ressuscitar a Comuna e forçar nela a história nacional republicana usando-se para isso algumas de suas conquistas sociais – as creches, por exemplo, ou a instituição da educação pública obrigatória, gratuita e secular –, conquistas que mais tarde a Terceira República tomou e até certo ponto abraçou na diligência de integrar ("salvar") a Comuna na história e ficção nacionais. A Comuna foi, assim, assimilada a um movimento patriótico ou a uma luta por liberdades republicanas, de modo a se permitir vê-la como "salvadora" da República. A tentativa de reintegrar o evento à história nacional foi facilitada, ainda, após 1989, pelo desatamento da Comuna do papel principal que desempenhava na longa e sucessiva cadeia de eventos – em que um ponto magicamente saltava ao próximo – tal como narrada pela historiografia oficial do comunismo de Estado. Livre de seu papel nessa historiografia, ela se tornou disponível para voltar a desempenhar um papel na história nacional liberal republicana.

Certamente, a Comuna não pertence propriamente a nenhuma das ficções, mas sim a outro tipo de história, a qual Arlette Farge, em um contexto diferente, descreveu como "atemporal, irônica, irregular, disruptiva".[84] É importante trazer à tona a

---

[84] Farge, Arlette *apud* Fournier, Eric. *La Commune n'est pas morte*. Paris: Libertalia, 1913, p. 142. O livro de Fournier fornece um estudo

veemência com que muitos dos sobreviventes da Comuna combateram a visão de que eles haviam agido para "salvar a República". "A república dos nossos sonhos não é a que temos, isso é certo. Nós a queríamos democrática, social e universal, não plutocrática."[85] Já Lefrançais diz com a contundência característica: "O proletariado nunca será verdadeiramente emancipado até que se livre da República, que é a forma derradeira, mas não a menos malévola, dos governos autoritários".[86]

valioso dos usos que foram feitos da memória da Comuna na França.

85 Grousset *apud* Caron, Jean-Claude, *op. cit.*, p. 123.

86 Lefrançais *apud* Caron, Jean-Claude, *op. cit.*, p. 105.

Capítulo 2
Luxo comunal

Trabalharemos cooperativamente tendo em vista a nossa regeneração, o nascimento do luxo comunal, futuros esplendores da República Universal.

Manifesto da Federação dos Artistas, abril de 1871

Experimento vivo de "igualdade em ação", a Comuna foi primariamente um conjunto de atos desmanteladores da burocracia estatal realizados por homens e mulheres comuns. Muitos desses atos tinham como foco, não surpreendentemente, aquela que era a burocracia central: a escola. Ao mesmo tempo, artistas e trabalhadores das artes empreenderam a liberação da produção artística do controle estatal. Neste capítulo, refletirei sobre as ideias que circularam na Comuna acerca da educação e da arte, bem como sobre as ações que os comunardos realizaram em ambos os campos. Primeiro, vou examinar o apelo por uma educação "politécnica" ou "integral": parte antiga de um conjunto mais amplo de demandas da classe trabalhadora, a ideia de uma educação "integral" que superaria a divisão entre a mão e a mente subsistiu após a Comuna e experimentaria uma forte ressurgência, como veremos, no pensamento de comunardos sobreviventes e de simpatizantes, como Elisée Reclus e Piotr Kropotkin. Na sequência, me voltarei especificamente às agitações experimentadas pela condição do artista durante a Comuna. Em ambas as áreas de esforço transformativo, Eugène

Pottier, que em vários momentos de sua vida foi simultaneamente professor e artista, desempenhou um papel fundamental.

Desde 1850, quando foram aprovadas as leis Falloux, que impunham a educação religiosa em todas as escolas, a educação primária resumia-se, na opinião de Auguste Blanqui, em catequese ensinada pelo "exército negro".[87] O primeiro empenho dos comunardos na transformação da educação foi desmantelar o domínio que a Igreja Católica exercia sobre a escolaridade, numa cidade em que um terço dos alunos frequentavam escolas religiosas e um terço não frequentava escola nenhuma. Durante a curta duração da Comuna, instigou-se a educação livre, compulsória, secular e pública a todas as crianças. Essa política seria, essencialmente, a mesma readotada dez anos após o massacre dos comunardos, remodelada na espinha dorsal da educação na Terceira República. É importante lembrar, no entanto, que, apesar de a educação pública e laica, geralmente associada à Terceira República, ter sido inventada dez anos antes, durante a Comuna, as ideias dos comunardos sobre educação se caracterizavam por ser consideravelmente mais insólitas – a começar pelo aspecto internacionalista – do que aquelas instigadas pela república que viria a se concretizar. O que muda na educação, por exemplo, se a comunidade para a qual se educa não é a nação, mas a República Universal, ou a República dos Trabalhadores?

No início de abril, uma comissão presidida por Edouard Vaillant, integrada pelo compositor Jean-Baptiste Clément, autor de "Le Temps de cerises" [O tempo das cerejas], pelo novelista Jules Vallès, pelo pintor Gustave Courbet e pelo pedagogo Auguste Verdure, começou a fechar todas as escolas da Igreja, removen-

---

87 Blanqui, Auguste. *Critique sociale*. v. I. Paris: Librairie Felix Alcan, 1885, p. 181-182.

do das instalações quaisquer cruzes, estátuas e ícones religiosos. Já em 1867, no Congresso de Lausanne, a Internacional havia votado por uma educação secular, e foram os seus membros que, durante a Comuna, desempenharam o papel principal na organização da instrução pública em cada seção da cidade. Essa tentativa da Comuna de reorganizar a instrução pública "nas mais largas bases possíveis" foi acompanhada de uma convulsão frenética e não controlada de atividades em todos os *arrondissements*.[88] Benoît Malon ajudou a organizar em seu *arrondissement* um asilo para órfãos e foragidos, onde recebiam as primeiras noções escolares. Em Saint-Pierre de Montmartre, Paule Minck abriu uma das primeiras novas escolas para meninas. Em 6 de maio, os muros da cidade estavam cobertos com o anúncio de que um estabelecimento no quinto *arrondissement*, até então ocupado pelos jesuítas, se tornaria a primeira escola profissionalizante para meninos acima de doze anos. (As instituições jesuítas eram o alvo preferido de apropriação e ocupação devido aos bons instrumentos laboratoriais e astronômicos.). No dia 12 de maio, Edouard Vaillant proclamou a criação de uma escola profissionalizante de arte industrial para meninas na reocupada Escola de Belas Artes. Completas as instruções literária e científica, as alunas seriam orientadas, então, ao desenho, à escultura em madeira, argila e marfim, e a cursos gerais sobre a aplicação da arte e do desenho na indústria. Um detalhe marcante sobre esta escola em particular reside na composição de seu corpo docente: a convocação pública para o ofício se destinou a professores licenciados, mas também a qualquer trabalhador especializado acima de quarenta anos que desejasse se tornar professor. A 15 de maio, a Sociedade dos Amigos da Educação, formada por duas mulheres, Marie Verdure e Elie Decoudray, apresentou o

---

[88] *Journal Officiel*, 12 maio 1871, p. 536.

seu projeto para a organização de creches – uma inspiração inicial que se tornou o modelo da instituição de assistência social similar que existe na França atual. Para além da assistência social, ao menos no âmbito da Comuna, as creches eram guiadas por princípios tomados do Falanstério de Fourier: cuidadores, cujos uniformes jamais deveriam ser pretos ou escuros, revezavam-se entre si para evitarem ficar cansados ou entediados por executarem a mesma tarefa por muito tempo, "sendo importante que, sempre que possível, as crianças sejam cuidadas somente por mulheres alegres e jovens".[89] Recomendava-se que infantários fossem espalhados pelos distritos da classe operária, próximos às fábricas; tudo o que dissesse respeito a religião seria removido e substituído por imagens e esculturas de objetos reais, tais quais animais e árvores, e mesmo por um "aviário repleto de pássaros", para combater o tédio, "a maior mazela" das jovens crianças. As bibliotecas públicas, que durante o Império eram regularmente saqueadas pela elite, a qual permitia servir-se a bel-prazer de volumes que nunca devolveria, foram reorganizadas de modo a extinguir todos os privilégios de empréstimo. A igualdade de salários para professores homens e mulheres foi estabelecida em 21 de maio.

A formulação mais geral dos objetivos da educação Comunal pode ser encontrada em um pôster colado aos muros do quarto *arrondissement*, assinado por Gustave Lefrançais e Arthur Arnould, entre outros.

> Ensinar a criança a amar e a respeitar os outros; inspirar-lhe o amor pela justiça; ensinar-lhe também que a sua instrução é empreendida tendo em vista os interesses de todos: esses são

---

[89] *Apud* Edwards, Stewart. *The Paris Commune: 1871*. Chicago: Quadrangle, 1971, p. 271.

> os princípios morais que basearão a educação comunal daqui em diante.[90]

A muitas das ideias da Comuna sobre escolarização, em nível tanto prático quanto teórico, subjazia a noção de "educação integral" – materializada em escolas profissionais nas quais a criança, menino ou menina, se tornaria capaz tanto de trabalhar intelectualmente como de ganhar seu sustento. A educação, nas palavras de Fourier, deveria ser "*unitaire et intégrale-composée*", isto é, unitária e integralmente composta, em que "composta" diz respeito ao desenvolvimento simultâneo da mente e do corpo e "integral" enfatiza qualquer ação que enriqueça a relação entre ambos para promover o desenvolvimento harmonioso do indivíduo.[91] A reivindicação de tal desenvolvimento harmonioso, assim como do direito a uma vida intelectual, pode ser encontrada nos diversos documentos da Primeira Internacional. Uma espécie de formação *politécnica* formulada de modo a superar a divisão entre trabalho manual e intelectual era preconizada a todas as crianças, independentemente de classe ou gênero. No decorrer de tal educação, o trabalho prático se revezaria ao estudo de teorias científicas e de arte industrial e à educação física – uma educação mista ou integral que há muito era reivindicada nos jornais da classe operária como o *L'Atelier*, no qual Eugène Pottier escrevia. Um desses jornais demandava que "desde tenra idade, a criança deve transitar entre a escola e a oficina [...]. Aquele que tange uma ferramenta deve ser capaz de escrever um livro com paixão e talento [...]. O artesão deve poder encontrar na cultura artística, literária ou científica uma folga a seu trabalho diário, sem deixar, por isso, de ser um pro-

[90] *Journal Officiel*, 12 maio de 1871, p. 537.

[91] Fourier, Charles. *Oeuvres completes*. tomo v. Paris: [s. n.], 1845, p. 2.

dutor. O objetivo era desenvolver concomitantemente todas as aptidões de uma criança, de modo a torná-la um "ser completo, isto é, capaz de utilizar suas faculdades para produzir não só com as mãos, mas com a inteligência".[92]

Uma educação "integral", ou politécnica, respondia ao desejo de aprender um ofício útil e, ao mesmo tempo, escapar da especialização forçada causada pela divisão do trabalho, que resultava na separação entre educados e não educados. Nesse sentido, opunha-se à subordinação prematura e fatal de um adolescente ou criança a uma função específica. Para além disso, tal educação dizia respeito menos à integração de uma especialização ou um *métier* aos estudos gerais, e mais à integração dos estudos gerais – *para todas as crianças independentemente de classe* – a uma orientação profissional. Um dos partidários mais proeminentes da educação politécnica, seguidor da noção de "trabalho atrativo" de Fourier, foi Eugène Pottier, ilustrador de estampas, membro da Internacional e poeta, que em 1855 compôs uma ode a uma educação inspirada por Fourier:

> Fourier qui voulait tout en fête
> Sur l'école absurde et baillant
> Sema, de sa main de Prophète
> Le grain de Travail attrayant.
> L'institutrice intelligente
> Associe étude et plaisir:
> Venez à l'école attrayante,
> Venez, enfants de l'avenir.[93]

---

[92] *Apud* Froumov, Solomon. *La Commune de Paris et la démocratisation de l'école*. tomo 3. Paris: Maspero, 1966, p. 168-159.

[93] Pottier, Eugène Pottier. "L´École Professionelle". *Oeuvres complètes*. tomo 3. Paris: Maspero, 1866, p. 158-159. [Fourier que queria tudo

O nome de Pottier aparece no topo do pôster que fora fixado aos muros do segundo *arrondissement* no início de maio:

> Que cada criança, de qualquer sexo, tendo completado o ciclo de estudos primários, possua, ao deixar a escola, os elementos fundamentais de uma ou duas profissões manuais: esse é o nosso objetivo. Todos os esforços se conduzem à obtenção desse resultado porque tudo o que há de mais avançado no progresso humano se resume na simples frase: *trabalho de todos, para todos.* A humanidade deve alcançar a estrita realização desse preceito, que é tão antigo quanto as sociedades primitivas, e a base de toda igualdade.[94]

Filho de um fabricante de caixas, cujo ofício aprendeu na oficina do pai, Eugène Pottier é mais lembrado hoje como o autor da *Internationale*, escrita em junho de 1871, em meio às execuções selvagens dos comunardos derrotados. A canção, que ele dedicou a seu amigo e camarada de Comuna Gustave Lefrançais, não encontrou nenhuma grande repercussão até ser musicada por Pierre De Geyter em 1888, algum tempo após o retorno de Pottier de seu exílio nos Estados Unidos. As atividades de Pottier na Comuna não se limitaram a seus esforços em transformar a educação primária; ele também foi membro fundador da Federação dos Artistas e principal autor de seu manifesto.

---

para comemorar / Na escola absurda e bocejante / Sema, da mão de seu Profeta / O grão atraente do Trabalho / O professor inteligente / Combina estudo e prazer: / Venha para a escola atraente, / Venham, filhos do futuro].

94 *Apud* Bruhat, Jean; Dautry Jean; e Tersen, Emile Tersen. *La Commune de* 1871. Paris: Editions Sociales, 1960, p. 202.

Na literatura sobre a Comuna, as atividades e perspectivas de Pottier sobre a questão da arte e da educação artística no âmbito da Federação dos Artistas têm sido, via de regra, eclipsadas por uma fixação acadêmica pelo presidente da federação, muito mais conhecido, Gustave Courbet. Eleito para a federação com outros pintores famosos – Corot, Manet, Daumier –, Courbet foi o único desse grupo a servir, distante da fuga desembestada de Paris de autores famosos, como Cézanne, Pissarro e Degas, durante o cerco prussiano que precedeu a Comuna e na própria Comuna. O drama de Courbet como presidente da Federação dos Artistas, que consistiu majoritariamente na responsabilização financeira pela destruição da Coluna Vendôme, seguida de seu exílio na Suíça, é bem documentado. Durante a Comuna, Courbet se tornou um artista no sentido dado por Marx em *A ideologia alemã*: alguém que, entre outras coisas, pinta. Como tal, o homem a quem Alexandre Dumas se referiu como "aquela coisa que chamamos de M. Gustave Courbet" era acusado por muitos artistas e escritores burgueses de ter usurpado funções públicas e extrapolado sua suposta esfera de competência ao participar de debates políticos e discussões públicas da Comuna.[95] Um depoimento como o de Émile Zola é típico:

> Certamente não é o momento de rir, mas há certos espetáculos que não podem senão nos fazer rir [...]. Courbet, o grande Courbet, é um membro da Comuna de Paris! Ele legislará! Ele acatou a convocação para presidir os artistas! E, Deus nos ajude, foi no-

[95] Dumas, Alexandre. "Lettre sur les choses du jour". *In*: Coulonges, Georges. *La Commune en chantant*. Paris: Les Editeurs Français Réunis, 1970, p. 159.

meado delegado para a comissão de Instrução Pública! A cem anos daqui, as oficinas e os ateliês ainda estarão rindo.[96]

Devemos agora reajustar a nossa visão da Federação dos Artistas de modo que Courbet retroceda e Pottier entre em foco. Acredito que, se assim fizermos, um sentido mais apurado da emancipação tal como visualizada e promulgada pela federação, à qual Pottier deu o nome de "luxo comunal", poderá vir à tona.

À véspera da Comuna, Pottier comandava uma grande oficina que gerava "todos os tipos de produções artísticas": ilustrações de estampa, papéis de parede, rendas, pinturas em cerâmica, tingimento de tecido. O internacionalismo *avant la lettre* de uma oficina como a de Pottier, na qual artesãos-artistas de diferentes origens, não raro de diferentes nacionalidades, trabalhavam juntos em funções complementares, derivou em parte da mobilidade daquele conjunto de *métiers*, já que os trabalhadores das artes se locomoviam livremente entre oficinas, cidades e até mesmo países. O itinerário do próprio Pottier, politécnico por natureza, diferentemente do de Courbet, poderia muito bem figurar nas páginas do estudo de Jacques Rancière, *La nuit des prolétaires* [A noite dos proletários], sobre os poetas operários. Numa carta destinada ao companheiro comunardo Paul Lafargue, datada de 1884, Pottier relembra seus anos de juventude como quem narra a fábula de um autodidata, transformado, aos treze anos, em aprendiz do pai no ofício de fabricante de caixas: "*A l'établi d'un emballeur / Lourd, endormi, rêveur et gauche / Comme um bras brut et sans valeur*" [No banco de

---

96 Zola, Emile. [Depoimento], 28 maio 1871 *apud* Walter, Rodolphe. "Un Dossier délicat: Courbet et la colonne Vendôme". *Gazette des Beaux-Arts*, mar. 1873, p. 176.

um empacotador / Pesado, sonolento, sonhador e desajeitado / Como um braço cru e inútil].[97] O ponto de partida para a emancipação, em seu caso, pode muito bem ter sido um velho livro de gramática descoberto no fundo de um armário abandonado o qual ele estava restaurando, bem como um poema de Béranger que ele copiou e recitou repetidamente até aprender de cor. O Pottier adolescente escrevia os próprios poemas tarde da noite – uma ocupação extenuante e cansativa uma vez que, mesmo seu pai sendo seu chefe, sua presença na oficina era esperada às cinco da manhã. Ele enviou o seu primeiro poema ao sumo-sacerdote dos poetas operários, Pierre-Jean de Béranger, que lhe respondeu o seguinte:

> Agradeço-lhe pela linda composição que me enviou. Se tens apenas quinze anos, então este é um trabalho memorável, e me sinto agradecido por ter sido agraciado com ele. Fazes bem em usar o tempo livre que tua aprendizagem te proporciona em tal busca, contanto que os versos não o façam esquecer que o mais moderno artesão é mais útil a seu país do que a maior parte dos versistas.[98]

A semelhança entre a iniciação de Pottier no mundo das letras e os itinerários de emancipação intelectual que Rancière traça em *La nuit des prolétaires* não se limita a essa (talvez apócrifa) infância autodidata, à apropriação da linguagem dos poetas e à aprovação epistolar obrigatória que, como adolescente, ele bus-

---

[97] Pottier, Eugène. [Carta a Paul Lafargue] *apud* Descaves, Lucien. "Preface". *In*: Zévaès, Alexandre (org.). *Eugène Pottier: Chants Révolutionnaires*. Paris: Editions Sociales Internationales, 1937.

[98] Béranger, [carta a Eugène Pottier], 1 nov. 1831 *apud* Dommanget, Maurice. *Eugène Pottier, membre de la commune et chanteur de l'Internationale*. Paris: EDI, 1871, p. 18.

ca em um autor estabelecido (a jovem Louise Michel enviara os seus poemas a Victor Hugo). Pottier, que contava 55 anos de idade durante a Comuna, pertencia a uma geração muito mais próxima aos artesãos das décadas de 1830 e 1840 que Rancière estudara. Para um artista operário como Gaillard filho, por exemplo, já um projetista qualificado, o papel desempenhado pela capacidade estética na emancipação talvez tivesse sido menos profundo. Como muitos dos artesãos que Rancière descreve em seu estudo, Pottier, pela idade, deve ter descoberto cedo os métodos pedagógicos do grande visionário Joseph Jacotot; de fato, em um texto não publicado, Pottier relata ter usado por quarenta anos os métodos de Jacotot para ensinar seus pupilos e "jovens crianças francesas criadas nos Estados Unidos" a ler.[99] "Um livro sobre o método universal de ensino de Jacotot me encheu com uma vaga síntese", ele escreveu em 1856: "'Tudo está em tudo' virou o meu lema. Era a verdade primordial pela qual eu passei a lutar".[100]

A trajetória de Pottier teria uma semelhança curiosa com a de Jacotot: ambos atravessaram as contingências e as perturbações do exílio político como consequência de uma revolução – Pottier foi para Boston após a Comuna, e Jacotot, para Lovaina após o retorno dos Bourbons. E ambos sobreviveram no exílio como professores da língua francesa. Foi em Lovaina que Jacotot concebeu a Educação Universal e, ao fazê-lo, gerou uma problematização mais profunda sobre a educação popular. Em geral, o "método" de Jacotot deriva de preceitos simples, dos

---

[99] Pottier, Eugène. "Les crimes de l'alphabet" *apud* Brochon, Pierre. *Eugène Pottier, Naissance de l'Internationale*. St. Cyr-sur-Loire: Christian Pirot, 1997, p. 22.

[100] Pottier, Eugène. [Carta a Adrien Lelioux], 1856 *apud* Brochon, Pierre, *Eugène Pottier, Naissance de l'Internationale*, *op. cit.*, p. 22.

quais o mais simples de todos é o que Pottier transformou em máxima de vida: tudo está em tudo. Outros preceitos de Jacotot derivam, naturalmente, desse primeiro: "todos são capazes de conectar o conhecimento que já possuem a novos conhecimentos"; "todos têm igual inteligência"; "os sexos são perfeitamente iguais em termos de inteligência"; "aprenda algo e relacione-lhe todo o resto".[101] O pensamento, para Jacotot, não é dividido em competências específicas ou domínios de especialização, mas similar em seus diversos exercícios, podendo ser partilhado por todos. O *algo* que se aprende e ao qual se relaciona todo o resto pode muito bem ser uma coisa literal. Presumivelmente, esta *leçon de choses*[102] ecoou profundamente na mente dos operários e artesãos qualificados, como Pottier, que foram influenciados por Jacotot. A coisa, o ponto de partida, não importa; pode ser uma carta, um poema, um pedaço de madeira talhada, uma canção materna. Qualquer coisa acessível pode ser o ponto de partida da emancipação. Pode-se começar por qualquer lugar, e não necessariamente pelo início. Para o instalador de pisos Gabriel Gauny, por exemplo, esse início se deu pelos fragmentos de sacas de lentilha rasgadas que podiam ser arranjados de modo a formar peculiares enciclopédias. O único modelo pressuposto por Jacotot é aquele proporcionado pela língua materna e pela capacidade infantil em aprendê-la sem explicações.

---

[101] Cf. Rancière, Jacques. *The Ignorant Schoolmaster*. Stanford: Stanford University Press, 1991; Rancière, Jacques. *The Nights of Labor*. Filadélfia: Temple University Press, 1981.

[102] N. da E.: em tradução livre "lição de coisas", a expressão designa um princípio educativo que data do final do século XIX e que consiste em basear-se em um objeto concreto para caminhar em direção a uma ideia abstrata. Este método permite ao aluno apreender um conceito abstrato com mais rapidez e facilidade.

Entretanto, ao se referir à língua materna, ele não está privilegiando a oralidade: a coisa, o ponto de partida, "aquilo" que é aprendido é qualquer coisa que pode ser constituída como *uma escrita*, uma coisa elevada ao nível da escrita, uma coisa que possa ser traduzida. A emancipação ocorre quando o universo da experiência diária se torna traduzível à escrita e uma coisa material se torna a ponte de tradução entre duas mentes.

Para melhor entender a excentricidade dos métodos de Jacotot e sua influência sobre alguém como Pottier, é importante situá-los no contexto das preocupações do século XIX com a educação das massas e as formas que tais preocupações assumiam. Os meados do século XIX, quando Jacotot concebeu a Educação Universal, representaram a aurora das grandes cruzadas pela educação das massas: extensos projetos de colonização cultural "interior" criados na França para subordinar até o último camponês da Bretanha, cada artesão itinerante e cada vagabundo rebelde, ao projeto nacional. Foi nessa época que as elites dominantes passaram a pensar que aos bárbaros – nos portões da cidade, nas oficinas ou distantes, nos campos – deveria ser dado um pouco de instrução, ainda que com o único intuito de atenuar as tensões sociais. A educação pode servir para esclarecer as pessoas *e ao mesmo tempo* mantê-las no devido lugar. Bárbaros, camponeses e operários, encerrados em seus *terroirs*, condicionados por seu *habitus* regional e culturalmente distintos, deveriam ser assimilados por um conhecimento partilhado, uma cultura comum. Tal cultura comum deve, por sua vez, ser dividida de acordo com um modelo econômico, de modo que a cada criança seja ensinado um conjunto próprio de conhecimentos e habilidades específicas: a soma dessas habilidades pode criar uma harmonia entre interesses diferentes, desde que cada interesse e cada competência seja cuidadosamente delineada. É contra essa poderosa reiteração institucional da divisão do trabalho que os métodos de Jacotot se dirigiam.

Seus métodos atacavam os princípios subjacentes ao republicanismo francês, em processo de consolidação na época. Uma *visão pedagógica da política* subscreve o republicanismo francês desde o fim do século XVIII, passando por sua consolidação na Terceira República com a morte da Comuna, até anos recentes, com reiterações aterrorizadas diante de alunas com ameaçadores *hijabs*. A visão pedagógica da política funciona, de maneira geral, de duas formas: primeiro, ela concebe o ensino como a formação da sociedade futura. Em segundo lugar, concebe a política como um meio de instruir o mundo (composto de partes que, como repetidamente nos dizem, "não estão prontas para a democracia"). O direito à educação é pensado do início ao fim como a *condição* para a formação do juízo político. *Aprende-se* a se tornar cidadão. Deve-se estabelecer um sistema de educação cuja tarefa seja essencialmente alavancar e integrar pelo conhecimento: o trabalhador ou camponês é elevado ao *status* de cidadão soberano – elevado, portanto, a uma dignidade que ele possui de direito, mas não de fato. O camponês deve ser desenraizado de seu solo provinciano assim como, em nossos tempos, os recém-chegados, os imigrantes ou os novos pobres devem ser separados de sua diferença social e cultural para receber as chaves do país: *acesso político através da educação*. Sociedades modernas demandam que as desigualdades sejam minimamente reduzidas e que haja um mínimo de comunhão entre os do topo e os da base. A educação coloca todos no devido lugar ao passo que assegura a existência de uma comunidade mínima de conhecimento partilhado. A desigualdade não passa de um atraso, um estorvo inicial, do qual, com algum esforço e a instrução adequada, pode-se sem dúvida se recuperar.

Para Jacotot, no entanto, a igualdade não era uma abstração, um tópico de discussão ou uma recompensa por bom desempenho em sala de aula. A grande conquista de Jacotot, como Rancière deixa claro, foi separar a lógica da emancipação da lógica da instituição. Emancipar-se era uma questão individual; a aplicação institucional em massa de seu "método" era impossível. A lógica da emancipação concernia às relações concretas entre indivíduos. A lógica da instituição, por outro lado, é sempre a reprodução indefinida de si, e nada mais. A emancipação não é o resultado, mas a *condição* para a instrução.

Em um de seus primeiros ensaios, Rancière sugere que a poesia escrita por trabalhadores como Pottier, a qual lhes tomava parte das escassas horas da noite entre uma jornada de trabalho e outra, não era um meio de reivindicação, e sua forma ou conteúdo temático não eram o mais importante. "Não são o conteúdo descritivo ou as reivindicações da poesia operária que fazem dela uma obra *social*, e sim seu puro ato de existir."[103] A poesia não ilustra nem a miséria da condição dos trabalhadores, nem o heroísmo de sua luta – o que ela expressa, isto sim, é capacidade estética, a transgressão da divisão que atribui a alguns o trabalho manual e a outros a atividade de pensar. É a prova de que o indivíduo participa de outras esferas da vida. Quando Marx fala que a maior conquista da Comuna de Paris foi "sua existência efetiva", está querendo dizer basicamente a mesma coisa. Mais importante do que qualquer lei que os comunardos colocaram em prática, foi o fato em si de

---

[103] Rancière, Jacques. "Ronds de fumé (Les poètes ouvriers dans la France de Louis-Philippe)". *Revue des sciences humaines*, v. 41, n. 190, abr.-jun. 1983, p. 46, grifo do autor.

que os seus trabalhos cotidianos inverteram as hierarquias e divisões enraizadas – especialmente, a divisão entre trabalho manual e trabalho artístico ou intelectual. O mundo é dividido entre aqueles que podem e aqueles que não podem se dar ao luxo de manipular palavras ou imagens. Quando essa divisão é superada, como foi durante a Comuna, ou quando é transmitida na expressão "luxo comunal", o que de fato importa, mais do que quaisquer imagens transmitidas, leis promulgadas, ou instituições fundadas, são as capacidades postas em movimento. Não é preciso começar pelo início – pode-se começar de qualquer lugar.

Foi Courbet quem começou tudo, em 6 de abril, ao lançar uma "convocação aberta para artistas" a um encontro político que ocorreria na semana seguinte. Ali, no Anfiteatro da Escola Médica da Sorbonne – cujo corpo docente fugira para Versalhes –, Eugène Pottier leu em voz alta o *Manifesto por uma Federação dos Artistas*, elaborado por um comitê preparatório e escrito pelo próprio Pottier. A contribuição de Courbet ao manifesto parece ter se dado na forma de uma insistência essencialmente corporativista para que a administração da arte ficasse sob a responsabilidade dos artistas – que deveriam assumir controle total dos museus e das coleções de arte. Os artistas deveriam ser encarregados de gerenciar seus próprios interesses. A primeira base para a existência da Federação era a "livre expressão da arte, livre de qualquer supervisão governamental e de todo privilégio".[104] A federação visualizava na liberdade artística a autonomia da arte e dos artistas em relação ao poder do Estado: ela instituía total independência aos subsídios

[104] Manifesto da Federação de Artistas de Paris. 15 de abril de 1871, In. *Journal Officiel*, tomo 2. Paris: Editions Ressouvenances, 1995, p. 273-274.

estatais, que haviam sido usados ao longo de todo o Segundo Império para promover um artista particular, ou um teatro particular, em detrimento de outro. Qualquer subsídio era entendido pela Comuna como uma forma de escravização, uma forma de restringir a "liberdade do indivíduo" que a burguesia dizia promover, mas que, em verdade, minava. A abolição do subsídio – essencialmente, um suborno estatal a artistas – trouxe ao fim a ideia de um estilo "oficial", ou da aprovação estatal de pintores acadêmicos "seguros". No lugar dos subsídios de Estado, a federação promoveu a cooperação entre os próprios artistas como um meio de desenvolvimento, numa espécie de sindicato, em que a dignidade de cada artista era protegida por todos os outros. "Igualdade entre os membros da Federação constituída por todos os artistas que aderem à República comunal [...], a independência e a dignidade de cada artista são postas sob salvaguarda de todos." A associação significava a reconfiguração de alianças: os artistas se atrelavam uns aos outros e à sua autogestão, em completa independência ao Estado. E todos dividiam igualmente entre si as tarefas cotidianas e as requisições comissionadas da Comuna. Traços de Fourier podem ser detectados na missão educacional que a federação tomou para si. Para "regenerar o futuro pela educação", membros do comitê fundariam e supervisionariam o ensino de desenho nas escolas, "buscando facilitar a instrução por meio de métodos atraentes e lógicos". A federação também estabeleceu uma tribuna, a L'Officiel des Arts, aberta a todos, na qual quem desejasse teria a chance de discutir questões estéticas ou problemas referentes à relação entre o artista e o público. "O Comitê convida cada cidadão a comunicar qualquer proposição, projeto, tese ou opinião cujo objetivo seja o progresso artístico, a emancipação moral ou intelectual dos artistas, ou a melhoria material de sua condição".

Assim, a liberdade para as artes era, em parte, uma demanda dos artistas pelo controle da administração e curadoria museológicas, bem como pela organização das exposições nacionais e internacionais que fossem realizadas em Paris – eventos que, como estipulava o manifesto da federação, não outorgariam nenhum prêmio. Mas era também uma reação às condições fortemente repressivas da produção cultural do Segundo Império, em que leis sobre censura e venda de literatura que afetavam cada esfera da produção e da distribuição cultural foram promulgadas e executadas dentro de um complexo sistema de vigilância e repressão, cumpridas por camadas e mais camadas de comissões estatais, ministérios, polícia e espionagem policial. Sobre esse sistema de censura estatal que asfixiava as artes no Segundo Império, Adrian Rifkin nota esta importante distinção no *status* do pintor e do escultor:

> Enquanto todo tipo de material impresso era sujeito à censura, a pintura e a escultura gozavam de uma posição mais privilegiada. Um pintor ou escultor não tinha que comprovar o direito autoral através do sistema de *dépôt légal*[105], já que automaticamente lhe era assegurada total propriedade sobre o seu trabalho. Talvez fosse difícil para um artista exibir um trabalho político ou "imoral" no salão, e, num caso excepcional, como a *Execução do imperador*

---

[105] N. da E.: em livre tradução "depósito legal". É a obrigação legal ou incentivo feito aos produtores ou emissoras de depositar, na biblioteca nacional do país ou em outras instituições designadas, uma ou mais cópias dos documentos que produzem ou distribuem. Tem como objetivo garantir o controle bibliográfico universal e permitir o desenvolvimento e a divulgação de bibliografias nacionais.

> *Maximiliano*, de Manet, ele podia ser forçado a retirar de circulação a litografia. Entretanto, o principal problema que se impunha a ele era de acesso ao mercado, e não de absoluta falta de controle sobre a distribuição do seu trabalho. O fato de o *Olympia* ter sido praticamente apedrejado quando de sua exibição no salão de 1865 não resultou na perseguição de Manet por imoralidade. Nem tampouco pôs fim à sua carreira. A imunidade relativa de um artista perante a censura não era gozada nem pelo artista gráfico, nem pelo compositor, nem pelo *performer*.[106]

A determinação legal de quem era considerado artista não provocava apenas uma diferença de *status*, mas também uma repercussão econômica.

> Enquanto 'escultores' tinham o direito legal de assinar, reproduzir e dispor de seus trabalhos (embolsando os lucros), um escultor de uma das fundições de bronze ou ferro que empregavam mais de dez trabalhadores não possuía privilégio similar.[107]

Mais de quatrocentas pessoas – casa cheia, de acordo com o *Jornal Oficial da Comuna* – responderam à Convocação aos Artistas e compareceram ao encontro de 14 de abril, em que escutaram a leitura do manifesto de Pottier. Os presentes não eram apenas pintores e escultores. A reunião foi, conforme proclamava o manifesto, um "encontro de todas as inteligências

---

106 Rifkin, Adrian. "Cultural movement and the Paris Commune". *Art History*, v. 2, 1979, p. 206.

107 Sanchez, Gonzalo J. *Organizing independence*. Lincoln: University of Nebraska Press, 1997, p. 64. O livro de Sanchez oferece a análise mais minuciosa do Manifesto dos Artistas no contexto de um estudo das associações de artistas subsequentes na França.

artísticas", todas as diferentes formas de inteligência artística consideradas como uma. Entre os que compareceram e elegeram seus 47 representantes, estavam todos os artistas plásticos, de pintores a escultores, arquitetos, litógrafos e desenhistas industriais, assim como atores periféricos no mundo da arte, especialmente críticos. O *Jornal Oficial da Comuna* reporta a presença de "muitos arquitetos e ornamentalistas". O nome que designava esse último grupo – ornamentalistas, projetistas, artistas industriais – foi motivo de alguma controvérsia, como se nota pelo texto lido por Pottier: "quarenta e sete membros representantes foram eleitos [revocáveis, como todos os representantes da Comuna], incluindo dez das artes decorativas, inapropriadamente chamadas de artes industriais". Aqui, Pottier corrige o uso do termo "artes industriais" feito por Courbet com um esclarecimento aguçado, valorizando a importância atribuída a tal grupo e à classificação de seus membros como "artistas", isto é, como alguém que (se voltarmos à distinção feita por Rifkin) é capaz, tal qual um pintor ou um escultor, de assinar o próprio trabalho. De fato, o vocabulário do manifesto evidencia uma forte preocupação com a questão da propriedade artística, indubitavelmente uma grande questão para os membros do grupo cujo direito de assinar seus trabalhos – e, portanto, de controlar a distribuição destes – era antes tolhido e que agora reivindicavam o título de artista.

> [A federação] admitirá somente trabalhos assinados por seus autores, sejam os trabalhos originais ou a tradução de uma arte em outra, como a versão impressa de uma pintura. Ela rejeitará absolutamente qualquer exibição mercenária que pretenda substituir o nome de seu verdadeiro criador pelo de um editor ou manufator.

Os meados do século XIX e os anos que precederam a Comuna compõem um período não muito distinto do nosso no sentido de que os artistas temiam cada vez mais por seu sustento. As admissões na Escola de Belas Artes permaneceram constantes de 1800 a 1860, porém mais de dois terços dos formados não conseguiam construir uma carreira. Foi esse excedente, em parte, que abasteceu a crescente indústria das artes decorativas.[108] Outros artistas decorativos, como Pottier, pertenciam à categoria dos artesãos especializados. Muitos marceneiros e outros artesãos se preocupavam com sua posição como artistas tanto quanto com sua posição como trabalhadores especializados.[109] Dessa forma, o reino dos criadores-artesãos especializados foi ocupado por uma população incontestavelmente "mista", gerada da proletarização de artistas "fracassados" e da aspiração de artesãos. Artistas decadentes se tornaram novos trabalhadores a serviço das indústrias artísticas. "Forma" e "criação" atuaram para criar pontes ou para fundir as belas artes e as artes decorativas, a arte e a indústria. Num momento em que artistas, ameaçados pela precariedade de sua situação, poderiam muito bem tentar proteger a condição associada a seu título, a Federação escolheu, em vez disso, tratar o assunto de frente e subverter a relação hierárquica entre arte e indústria, recepcionando Pottier e seus colegas em suas fileiras, nas quais eles fizeram demandas em nome de todos os artistas, "todas as inteligências artísticas" agrupadas, em completa independência do Estado.

---

[108] *Ibidem*, p. 65.

[109] "À segunda metade do século XIX, um grande número de marceneiros havia perdido a condição de artistas-artesãos." Cf. Weissbach, Lee Shai. "Artisanal Responses to Artistic Decline: The Cabinetmakers of Paris *In* the Era of Industrialization". *Journal of Social History*, v. 16, n. 2, 1982, p. 72.

Como um escultor que participou da federação lembraria vinte anos mais tarde, "[os] resultados das propostas do manifesto foram extraordinários não porque elevaram o nível artístico [...], mas porque levaram a arte a todos os cantos".[110]

Ser reconhecido como um artista, ou como alguém que de fato "assinava" sua criação, parecia ser, como sugeriu Rifkin, o que o sapateiro Napoléon Gaillard tinha em mente quando se fez fotografar diante da barricada que havia projetado na Praça da Concórdia, efetivamente "assinando" a criação, apropriando-se da condição de autor ou artista. Eis como um anticomunardo rememorou o diretor da construção da barricada durante a Comuna:

> Gaillard pai, o chefe da construção da barricada, parecia tão orgulhoso de sua criação que na manhã de 20 de maio nós o vimos com um uniforme completo de comandante: quatro tranças douradas nas mangas e boné, lapelas vermelhas na túnica, grandes botas de montaria, longo cabelo solto, olhar firme. Enquanto guardas nacionais preveniam o público de andar em um dos lados da praça, o autor da barricada posou orgulhosamente a uns vinte pés de sua criação e, com as mãos na cintura, se fez fotografar.[111]

A barricada construída por Gaillard, vetando o acesso à rua de Rivoli, apelidada por muitos de Château Gaillard, atingiu a altura de dois andares e foi finalizada com bastiões, gabletes e

---

110 Vasselot, M. Marquet *apud* Caron, Jean-Claude., 2011, p. 144.

111 D'hérisson, Le Comte. *Nouveau journal d'un officier d'ordonnance: La Commune*. Paris: Ollendorff, 1889. p. 295-296. Cf. Ross, Kristin. *The emergence of social space: Rimbaud and the Paris Commune*. Mineápolis: University of Minnesota Press, 1988; Londres, Nova York: Verso, 2008, p. 17-19.

uma fachada com pavilhões. A reivindicação da condição de artista foi considerada ridícula por outro anticomunardo, que, com desprezo, se refere a Gaillard como um "sapateiro vaidoso" e o "pai das barricadas": "Ele considera as enormes barricadas que construiu na Praça Vendôme, na Praça da Concórdia, etc. como trabalhos artísticos tanto quanto luxuosos; se refere a eles com um amor e uma admiração que, obviamente, logo transfere à sua própria pessoa".[112] Membro da Internacional, autor de um tratado filosófico sobre o pé, inventor das galochas de borracha e famoso sapateiro, Gaillard, diferentemente de muitos de seus companheiros mercadores, sobreviveu à Comuna e voltou à tona, junto a Gaillard filho, seu filho pintor-operário, no comando de uma taberna para comunardos exilados, em Genebra.[113] "Não importa o que se diga", ele escreveu no exílio, "a Arte do Sapato é a mais difícil, a mais útil e, acima de tudo, a mais incompreendida de todas as artes".[114] Já em cartas ao editor escritas antes da Comuna, Gaillard havia deixado claro que a reabilitação social é, primordialmente, uma disputa por títulos, e que o título que Gaillard queria para si mesmo, em adi-

---

[112] Coquerel, Étienne. *Sous la Commune: Récits et souvenirs d'un Parisien*. Paris: E. Dentu, 1873, p. 60.

[113] Entre os trabalhadores, os que sofreram o maior número de deportações após a derrota foram "é claro, como sempre, os sapateiros." Rougerie, Jacques. *Paris libre* 1871. Paris: Seuil, 1971. p. 263. Notando a alta proporção de sapateiros entre os mortos, deportados e exilados da Comuna, Frank Jellinek observa: "foi, curiosamente, uma revolução sapateira". Jellinek, Frank. *The Paris Commune of* 1871. Nova York: Oxford University Press, 1937, p. 381.

[114] Gaillard, Napoléon. *L'art de la Chaussure au Moyen Pratique de chausser le pied humain d'après les règles de l'hygiène et de l'anatomie.* Genebra: Imprimerie Ziegler et Compagnie, 1876.

ção ao de "operário", era o de "sapateiro-artista": "Eu acredito ser um operário, um 'sapateiro-artista', e, embora faça sapatos, tenho o direito ao respeito de homens que se pensam trabalhadores por empunharem uma pena".[115] Em questão, claro, estava a oposição corriqueira entre o útil e o belo. "A Arte do Sapato" de Gaillard se esforça para mostrar que a profissão do sapateiro transcende tal oposição e, sendo assim, deveria receber a dignidade e a remuneração devidas. Inspirado pelo antigo estatuto que ele usou para ilustrar seu texto, Gaillard fez menção de ressuscitar a beleza do pé "bem proporcionado" das representações clássicas, esquecido havia muito por ter sido aprisionado em um estreito, pontudo e deformante instrumento de tortura: o sapato moderno. O público, incitava ele, deveria tomar a iniciativa de demandar um sapato que fosse feito "não para o pé tal qual ele é, mas para o pé tal qual deveria ser". Em um panfleto anterior, ele havia aconselhado sapateiros a adotarem os seus métodos de confecção de botas de látex ou guta-percha, pois assim eles evitariam a fadiga física e mental dos métodos habituais e desenvolveriam sua inteligência "atingindo a condição de um escultor".[116] Ademais, argumentava ele, o látex possuía a vantagem de ser reciclável; diferentemente do couro, que se desgasta, o látex poderia ser derretido para a confecção de novos pares. Em *Philémon, vieux de la vieille*, romance histórico de 1913 sobre os exilados comunardos, de autoria de Lucien Descaves, Gaillard pai é carinhosamente lembrado pelo personagem principal, Colome, um joalheiro que, uns vinte anos mais tarde, se recusa a usar sapatos que não fossem confeccionados de acordo com a filosofia do pé de Gaillard:

[115] Gaillard, Napoléon. [Carta a Vermorel]. *Le Réveil*, 20 jan. 1869.

[116] Gaillard, Napoléon. *Mémoire descriptive de la chaussure française en gutta-percha*. Neuilly: A. Poilleux, 1858, p. 57.

> Meu companheiro estendia aos sapatos sua repulsa a qualquer forma de constrição. Ele não permitia que seus pés fossem constritos mais do que sua cabeça, ou seu corpo [...]. Eu nunca havia visto nada como as lanchas em que ele enfiava os pés. Colome não tolerava que as extremidades dos sapatos fossem arredondadas, nem um pouco sequer; o corte deveria ser reto, de modo que se pareciam menos com sapatos do que com as caixas nas quais eram guardados [...]. "Mandei fazê-los", ele respondeu, "por um sapateiro a quem dei os modelos tais como desenhados a mim por Gaillard pai [...]. Conservador e clássico em seu *métier*, um sapateiro habilidoso, ou melhor, um 'sapateiro-artista', como ele insistia que o chamassem, considerava-se com razão o responsável por conduzir seu nobre *métier* de volta aos princípios anatômicos e às regras de higiene dos quais se distanciara. Ele queria que o sapato fosse racional, isto é, feito para o pé, em oposição à moda bárbara de ajustar o pé ao sapato [...]".[117]

A superação, pela Comuna, da divisão entre belas artes e artes decorativas, que era a principal dimensão do seu programa revolucionário para as artes, acabou por ter a vida tão curta quanto a da própria insurreição. Artistas profissionais e artesãos voltariam a se afastar após a Comuna. Entretanto, durante o episódio, a base objetiva da vida econômica e social que permitiria que ambos se aproximassem foi compreendida, e a igualdade entre eles foi vista não como um fim a se alcançar, mas como um postulado do qual se partiria e o qual seria reiterado constantemente no breve decorrer da Comuna. Vale notar que os membros da federação não demostravam qualquer preocupação acerca do que se consideraria obra de arte ou dos

[117] Descaves, Lucien. *Philémon, vieux de la vieille*. Paris: Editions G. Cres et Compagnie, 1922, p. 45.

critérios estéticos pelos quais se julgaria o valor de um produto artesanal. Eles não atribuíam a si a atuação como juízes ou avaliadores desde uma perspectiva artística, mas sim como força motriz de um mecanismo que assegurasse a liberdade de todos. Isso é particularmente importante na medida em que desloca o valor (da obra), que é transferido da avaliação do mercado, e mesmo do objeto de arte em si, para o processo de feitura e para o artista, cujo trabalho gera valor. Toda arte, na visão da Comuna, era artesanal e especializada em sua produção e na socialização de seus autores. O fazer artístico era, nesse sentido, como o pensamento para Jacotot: um conjunto de gestos, similares em todos os seus exercícios. A federação era absolutamente indiferente ao que, em comissões de arte prévias, se constituíra no dever primeiro, a preservação do patrimônio artístico; seus membros se preocupavam mais em "trazer à vida e à luz todos os elementos do presente". Do mesmo modo – ao contrário talvez do que poderíamos imaginar com base nos inúmeros manifestos subsequentes de arte de vanguarda –, não advogavam nenhuma diretriz, revolução ou movimento estético particular, ainda que se entendessem como uma fonte de regeneração artística. Eles simplesmente expandiram a quantidade daqueles que eram considerados artistas.

O manifesto conclui com a frase que serve como epígrafe a este capítulo e que nos fornece o título do livro: "Trabalharemos cooperativamente tendo em vista a nossa regeneração, o nascimento do luxo comunal, futuros esplendores da República Universal". Em seu nível mais expandido, o "luxo comunal" tal como iniciado pelo trabalho do comitê implicava a transformação das coordenadas estéticas de toda a comunidade. Já numa camada mais literal, Pottier e os membros da federação reivindicavam algo como uma "arte pública" em nível municipal: o aprimoramento decorativo e artístico de edifícios públicos em todas as prefeituras da França. O entendimento desse projeto como expressão de uma demanda limitada ou secundária significa perder de vista o alcance profundamente democrático e expansivo de seu escopo. O propósito de fazer a beleza florescer em espaços compartilhados, e não exclusivamente em espaços privativos específicos, acarretava a reconfiguração da arte de modo a integrá-la totalmente à vida cotidiana, em vez de confiná-la ao destino final das excursões especiais aos, nas palavras de Elisée Reclus, "museus de sempre, onde se impõe silêncio temporário àquilo a que se dá o nome de 'belas artes'".[118] Essa nova arte não mais viveria "uma vida pobre e mirrada entre alguns poucos homens excepcionais".[119] Parte da satisfação gerada pelo projeto de fazer uma arte *vivencial* – não supérflua ou trivial, mas vital e indispensável à comunidade – é capturada no curto texto de Reclus intitulado "L'art et le peuple" [A arte e o povo]:

> Ah! Se pintores e escultores fossem livres, não haveria a necessidade de que se fechassem aos salões. Bastar-lhes-ia reconstruir as nossas cidades: a começar pela demolição dos desprezíveis cubos de pedras onde seres humanos se empilham, ricos e pobres, o mendigo e o milionário pomposo, esfomeados e saciados, vítimas e carrascos. Eles queimariam numa imensa fogueira de alegria todos os barracos dos tempos de miséria, e imagino que, nos museus de obras a serem preservadas, não preservariam muitas das pretensas obras artísticas do nosso tempo.[120]

---

[118] Reclus, Elisée. "Art and the People". *In*: Ishill, Joseph (org.). *Elisée and Elie Reclus: In Memoriam*. Nova Jersey: Oriole Press, 1927, p. 325.

[119] Morris, William. "The Lesser Arts". *In*: Morton, A. L. (org). *The political writings of William Morris*. Londres: Wishart, 1973, p. 54.

[120] Reclus, Elisée. "Art and the People", *op. cit.*, p. 326-327.

A imensa fogueira de alegria de Reclus não pode senão evocar a destruição da Coluna Vendôme, no ápice da Comuna, bem como as poderosas emoções que esse ato provocou, compostas de partes iguais de euforia comunarda e de pânico entre as elites. Pois tanto a demolição da coluna quanto o manifesto em sua reivindicação por uma arte pública, comunal, que transferiria a iniciativa criativa de uma elite isolada para o povo como um todo, foram bem-sucedidos em contornar o espaço nacional. Ao criar uma arte vivenciada ao nível das municipalidades autônomas, o luxo comunal vai contra uma organização central do espaço monumental (nacionalista), e contra a criação do espaço monumental em sentido geral. Nos termos da Comuna, evitar a nação não significa, entretanto, abraçar a fronteira estreita da municipalidade: a federação, como reiteram as últimas palavras de seu manifesto, viu-se trabalhando ao mesmo tempo pelo luxo comunal *e* pela República Universal.

Podemos pensar na demolição da coluna como uma limpeza inicial no terreno para abrir espaço ao luxo comunal. Em trabalho anterior, discuti o fato de a disposição da Comuna em destruir monumentos erigidos para glorificar Napoleão e suas conquistas imperiais ser constantemente comparada por estudiosos à hesitação e ao empate que os insurgentes demonstraram face à violação de outro edifício imponente: o Banco da França.[121] A implicação depreciativa nessa comparação é, claro, a ideia de que se perdeu tempo com um ato simbólico ou performático enquanto os "interesses reais" – a riqueza a ser expropriada – foram ignorados. Entretanto, fazer essa comparação é ignorar o significado atribuído pelos próprios comunardos sobre a demolição de uma construção tão consagrada na ima-

[121] Cf. Ross, Kristin. *The emergence of social space: Rimbaud and the Paris Commune*, *op. cit.*, p. 5-8, 38-9.

ginação nacional, tanto que até mesmo Victor Hugo escreveu um hino para glorificar o monumento e as façanhas que ele celebrava. A afirmação de Reclus sobre a demolição é digna de lembrança: "Neste século, não houve um sinal dos tempos que teve significado mais imponente do que a transformação da coluna imperial em uma pilha de escombros".[122] Tal afirmação não seria recebia como exagerada por William Morris:

> Ainda que a destruição da Coluna Vendôme possa parecer em si um feito pequeno, em se considerando a importância dada a tais símbolos em geral e na França em particular, o desmonte daquela peça basal de estofo napoleônico foi mais uma marca da determinação de não dialogar com as velhas lendas chauvinistas.[123]

Ninguém avaliaria melhor o peso que o mobiliário velho do imperialismo exerce sobre a mente dos vivos do que o campeão das artes menores e "poeta-tapeceiro" (como passou a ser chamado por seus inimigos após se tornar socialista), William Morris. Ele o provaria em seu romance de 1890, *Notícias de lugar nenhum*, no qual o ato simbólico de demolição espetacular dos comunardos é revisitado especulativamente na transformação da Trafalgar Square – despida de sua própria monumentalidade imperialista, a estátua do Almirante Nelson – em um pomar de damascos. Nessa revisão simbólica, tanto a Praça Vendôme quanto a Trafalgar Square, repletas de estética nacionalista e monumentalidade atemporal, se tornam espaços supranacionais na medida em que a organização imperialista do espaço abstrato é

---

[122] Reclus, Elisée. "Epígrafe". *In*: Descaves, Lucien. *La Colonne*. Paris: Stock, 1901.

[123] Bax, Ernest Belfort; Morris, William. "Socialism from the Root Up". *Commonweal*, 2 out. 1886, p. 210.

transformada em um pomar. O que Morris faz é derrubar a Coluna Vendôme uma vez mais, anos após ela ter sido meticulosamente reconstruída em Paris. Mas ele dá um passo além: em vez de meramente reproduzir o espaço vazio, repleto de potencialidade que os comunardos haviam alcançado, Morris cria um espaço-tempo em que o ritmo é sazonal e a recompensa é luxuosa. O pomar é o futuro, mas um futuro que remete à cronotopia de uma sociedade que se reproduz de forma simples e à natureza cíclica de seus processos, cujos ritmos são regidos pela natureza. É, ao mesmo tempo, uma representação exemplar das práticas e dos pensamentos do período ao qual os comunardos deram o nome de "luxo comunal" – uma prefiguração da diretriz ecológica do pensamento do próprio Morris – e a prova, como argumenta Owen Holland, de que, sem esses gestos "meramente simbólicos" de relacionalidade e correspondência, a possibilidade, no futuro próximo, de solidariedade ou de remodelação de uma conjuntura internacionalista é cada vez mais remota.[124]

Hoje em dia, Morris talvez seja mais conhecido pelos papéis de parede que criou, cuja incorporação ao segmento do patrimônio nacional britânico teve por efeito tornar seu autor um "Little Englander" *par excellence*. Na década de 1880, entretanto, como discutiremos no próximo capítulo, Morris surgiu como um dos mais importantes apoiadores britânicos da memória da Comuna de Paris. Esse fato não nos causa surpresa, já que, afinal, a Comuna, como Lissagaray observou muitos anos após o seu fim, foi uma insurreição que contou em suas fileiras com uma vasta quantidade de trabalhadores das artes e das manufatu-

---

[124] A partir da discussão do espaço social que estabeleço em meu primeiro livro, Owen Holland desenvolveu, numa palestra dada em Londres em 2011, uma transversal internacionalista muito sugestiva entre Morris e a Comuna.

ras.[125] A orientação radical dessa comunidade de trabalhadores/artistas não se originou com a Comuna. Por exemplo, mais de um terço dos signatários do *Manifeste des soixante*[126] [Manifesto dos sessenta], a carta fundacional da seção parisiense da Internacional, de 1864, eram artistas das artes industriais: fundidores de bronze, gravuristas, tecelões, carpinteiros. E se a Comuna foi, como diz Jellinek, "uma revolução de sapateiros", foi também uma revolução na qual desempenharam um papel significativo os artesãos especializados e trabalhadores visuais, que somavam quase 10 mil entre os condenados.[127] Assim como os comunardos, Morris dava menos importância à arte e mais à criação e expansão de condições propícias à arte. E, como Napoléon Gaillard, ele estimava muito a habilidade de, em suas palavras, "fazer uma bota que calce bem".[128] No entanto, para ele, essa habilidade crucial estava se tornando impossível não pelo industrialismo em si, mas pela criação capitalista de uma sociedade baseada em dinheiro e interesse próprio. O que Morris chamava de "essa dita sociedade" não era, em sua opinião, sociedade coisa nenhuma, mas um estado de guerra: a guerra comercial.

---

125 Lissagaray *apud* Caron, Jean-Claude. *La Revue blanche, 1871: Enquête sur la Commune* [1897], *op. cit.*, p. 67.

126 N. da E.: publicado no *L'Opinion nationale,* o manifesto, assinado por sessenta trabalhadores, trazia um programa de demandas para apoiar as candidaturas operárias na eleição daquele ano, e ficou marcado por seu apelo a uma verdadeira democracia política, econômica e social. O texto foi um marco do movimento operário francês, especialmente por protestar contra a exclusão dos trabalhadores da vida política.

127 Jellinek, Frank. *The Paris Commune of* 1871, *op. cit.*, p. 381.

128 Morris, William *apud* Thompson, E. P.. *William Morris: Romantic to Revolutionary*. Oakland: PM Press, 2011, p. 251.

Como Pottier, Morris se preocupava com a questão das artes "menores", no que diz respeito tanto à sua qualidade quanto à sua condição na sociedade. O sistema comercialista e instigador de lucros do final do século XIX havia esgotado, em seu ponto de vista, as artes decorativas. Embora isso possa parecer uma aflição menor na longa lista de horrores da sociedade vitoriana, é do âmago de sua percepção sobre as causas da degradação, assim como sobre os efeitos dela nas possibilidades de companheirismo, criatividade e felicidade humana, que Morris deriva toda sua análise política. O desespero pela arte foi o combustível de seu desejo por uma completa transformação socialista do sistema e de sua decisão de trabalhar pelo fim da sociedade de classes. Tudo está em tudo, como diria Jacotot: de suas próprias atividades artísticas, Morris havia aprendido algo que agora relacionaria a todo o resto. É recente, escreve ele em uma das muitas palestras que devotou ao tópico da condição das artes decorativas no fim da década de 1870, a separação das artes menores de suas contrapartes maiores, que empobreceu a ambas irrevogavelmente ao tornar as artes decorativas "triviais, mecânicas e estúpidas" e as artes mais altas "adjuntos tediosos de uma pompa sem sentido, ou brinquedos engenhosos para poucos homens ricos e ociosos".[129] O estado desmembrado das artes espelhava a divisão, alimentada por um sistema baseado na superprodução de bens lucrativos, entre inúteis artigos de luxo para os ricos e "a massa de objetos que nenhum homem são desejaria", os bens utilitários de má qualidade, baratos e improvisados

[129] Morris, William. "The Lesser Arts". *In*: Morton, A. L., *op. cit.*, p. 32. A análise de Reclus começa pela mesma divisão: "Tendo a sociedade sido dividida entre classes inimigas, a arte se tornou, por necessidade, falsa [...]. Com os ricos, ela se torna ostentação; com os pobres, não pode ser senão imitação". Reclus, Elisée. "Art and the People", *op. cit.*, p. 327.

produzidos em excesso para o resto de nós. No sistema corrente, abundância só poderia significar o luxo inútil dos ricos, por um lado, e, por outro, aquilo que o comunardo Paul Lafargue, escrevendo mais ou menos na mesma época que Morris, chamou de "as montanhas de produtos recolhidos que se conformam mais altas e mais enormes do que as pirâmides do Egito".[130] Se nos livrássemos do "ônus do desperdício" que financia o corrente sistema de classes, traríamos fim, ao mesmo tempo, à pobreza dentro da superprodução e a todas as falsas dicotomias entre o prático e o belo, o utilitário e o poético, o que é para usar e o que é para acumular. O luxo sem sentido, que Morris sabia não poder existir sem algum tipo de escravização, seria substituído pelo luxo comunal, ou pela igualdade em abundância.

Na estrutura social cooperativa em que estava inserida a produção de artesanato medieval, Morris enxergava um mundo em que não apenas as "artes menores" faziam parte, formavam parcelas das artes maiores, mas no qual a vida cotidiana não se separava do que, em termos de cultura e de ideias, era o mais "elevado" ou o mais elaborado, e no qual o termo "obras" era entendido no sentido mais amplo possível, englobando catedrais e festivais, produções permanentes e transitórias. Aqueles que até hoje continuam a acusar Morris de um medievalismo mofado ou romantizado enxergam tanto a arte dos tempos pré-modernos quanto a relação de Morris com essa arte de um modo muito diferente do que ele próprio enxergava. Onde críticos veem uma relação nostálgica com objetos do passado, Morris via uma arte que não era externa ao cotidiano ou, como se costuma supor, elevada acima do cotidiano e que tenta em vão nele se incorporar. Morris via um *estilo* de vida no sentido que, mais

---

130 Lafargue, Paul. "The Right to Laziness" [1880]. *In*: *The Right to Be Lazy and Other Studies*. Chicago: Charles Kerr, 1907, p. 42.

tarde, Henri Lefebvre daria ao termo ao discutir a vida cotidiana nas sociedades pré-capitalistas. O fim do luxo baseado em classe inaugura uma visão inteiramente nova da riqueza social:

> Primeiramente, devo pedir que estendam a palavra "arte" para além das matérias compostas de obras de arte conscientes, de modo a incluir não apenas a pintura e a escultura, ou a arquitetura, mas também as formas e cores de todos os objetos de casa. Melhor! De modo a incluir até o arranjo dos campos de lavoura e de pasto, a gestão das cidades e das rodovias. Que a estendam a todos os aspectos externos de nossa vida.[131]

A ampliação da dimensão estética à vida cotidiana, como reivindicou a Federação dos Artistas durante a Comuna, não só torna a arte algo comum a todas as pessoas, mas também faz dela parte integral do *processo* de produção. Ela confere uma relação transformada e sensorial em relação aos materiais – sua textura, densidade, flexibilidade e resistência – e ao processo e labor do produtor, isto é, às etapas empreendidas na produção da arte mesma e à recriação, por sua vez, das capacidades desse produtor. Tanto Morris quanto Reclus aprenderam com John Ruskin que a arte é a expressão da alegria do homem em seu trabalho. "No instante em que o trabalho apaixona, no instante em que ele alegra, o trabalhador se torna artista."[132]

---

[131] Morris, William. "Art Under Plutocracy". *In*: Morton, A. L., *op. cit.*, p. 58.

[132] Reclus, Elisée. "Art and the People", *op. cit.*, p. 328. Inicialmente, Ruskin foi um grande apoiador da Comuna e da "brilhante e refrescante ideia [que era] a noção parisiense da Comuna". Seu apoio se abalou quando recebeu a falsa informação de que o Louvre havia sido incendiado. Ruskin, John. *Fors Clavigera*. Nova York: Wiley, 1872, p. 2.

O pomar de damascos a florir em meio àquele "pedaço de loucura insana a que chamam de Londres"[133] é uma representação – ao mesmo tempo do passado e do futuro – do tipo de transvaloração da própria ideia de arte e de abundância que, na Comuna, Morris e os membros da Federação dos Artistas tinham em mente. Encontrar critérios para a riqueza que fossem distintos da corrida quantitativa por crescimento e por superprodução era a chave para imaginar e possibilitar uma transformação social. Podemos ver tal entendimento já manifesto na estratégia que governa a escolha de Pottier pelas palavras "luxo comunal". No momento em que o manifesto é redigido, em meados de abril, a frase serviu para contra-atacar e desafiar a abjeta *miséria* das representações da vida parisiense sob a Comuna lançadas pelos versalheses. A propaganda versalhesa dirigida contra os *partageux*[134], que eles acusavam de terem sequestrado Paris, e espalhada pela França provincial, foi mobilizada para convencer o campesinato de que a Comuna, se não fosse derrotada, tomaria as terras e as partilharia entre os insurgentes. Mas essa propaganda também tinha um segundo objetivo, não menos importante: criar, mais genericamente, a convicção de que tal partilha só poderia significar a partilha da miséria. O "luxo comunal" contrariava qualquer noção de compartilhamento da miséria pela proposição de um tipo notavelmente diferente de mundo: um no qual cada um teria uma parte do que havia de melhor.

---

133 Morris, William. "The Society of the Future". *In*: Morris, May (org.). *William Morris: Artist, Writer, Socialist*. Nova York: Russel and Russel, 1966, p. 462.

134 N. da E.: em tradução livre "compartilhadores".

Capítulo 3
A literatura nórdica

No outono de 1871, Piotr Kropotkin decidiu abandonar os estudos científicos e geográficos de que se ocupava até então para se devotar à militância política. Essa decisão não foi motivada de modo algum por um desinteresse em seus objetivos científicos – em verdade, sua curiosidade e satisfação em relação à ciência provavelmente nunca foram tão aguçadas quanto no verão que acabara de passar explorando as cordilheiras glaciais da Suécia e da Finlândia. Sua atenção, por outro lado, ficara dividida: "Durante essa jornada, eu também pensei sobre as questões sociais, e esses pensamentos tiveram uma influência decisiva em meu desenvolvimento subsequente".[135] Entre as "questões sociais" que rondavam seus pensamentos, estava a insurreição que ocorrera em Paris alguns meses antes, acerca da qual circulavam em São Petersburgo somente relatos enviesados e censurados, para a extrema frustração de Kropotkin. Eis que lhe chega na Finlândia um telegrama em que lhe é oferecida a desejada posição de Secretário da Sociedade Imperial de Geografia de São Petersburgo. O cargo lhe proporcionaria o tempo livre necessário para empreender o projeto, relatado em suas memórias, que surgiu como uma miragem diante de seus olhos perdidos nos lagos e glaciares finlandeses enquanto ele pensava em seu futuro:

[135] Kropotkin, Peter. *Memoirs of a Revolutionist*. Boston: Houghton Mifflin, 1930, p. 235.

> Mesmo naquele momento, enquanto contemplava os lagos e outeiros da Finlândia, novas e belas generalizações [científicas] surgiam diante de meus olhos. Eu vi, num passado remoto, na alvorada mesma da humanidade, o gelo se acumulando ano a ano nos arquipélagos do norte, sobre a Escandinávia e a Finlândia. Um acúmulo colossal de gelo invadiu o norte da Europa e lentamente se espalhou até as porções centrais. A vida esvaiu [...] pobre, incerta, fugiu cada vez mais para o sul, longe daquela brisa gelada que soprava da imensa massa congelada [...]. Eras se passaram, até que o degelo começou [...], um processo extremamente devagar de secura se deu, e vegetações começaram uma lenta invasão desde o sul. E agora estamos imersos no período de uma rápida dessecação [...] da qual a Ásia central já é vítima e a qual ameaça a Europa do sul.[136]

Como que em velocidade acelerada, ele assiste à sucessão de vastas eras geográficas, à exposição de todos os estratos de uma imensa extensão da Rússia e da Europa, revelando a história do movimento glacial, da mudança climática e do desenvolvimento através dos séculos das regiões do sul, propensas a secas. Ele vê diante de si os novos horizontes da geografia física que pretende explorar, e especula como as novas descobertas que faria poderiam servir à determinação de modos de vida econômica, de atividades agrícolas e de produção alimentar, que poderiam florescer, por exemplo, nas áreas recém-dessecadas do sul. E então sua perspectiva muda. Ele começa a comparar a visão dos lagos e das colinas com aquilo que imagina que um camponês da região enxergue ao contemplar o mesmo cenário. Se Kropotkin mira a paisagem e vê a manifestação da teoria ("novas e belas generalizações") bem diante de seus olhos, o camponês, imerso

---

[136] *Ibidem*, p. 329.

na mesma contemplação, vê belos lagos, mas carece de qualquer ócio que lhe permita expandir seu conhecimento ou mesmo seu deleite deles. De que adiantaria transmitir conhecimento teórico sobre métodos avançados de cultivo a camponeses que, de tão pobres e famintos, jamais poderiam deles fazer uso? Enquanto não houvesse uma transformação social completa que proporcionasse aos camponeses o ócio necessário para pensar e desenvolver sua própria vida mental, a contradição entre sua própria vida e a dos camponeses, conclui Kropotkin, seria grande demais. Ele não aceita o cargo na Sociedade Geográfica.

É importante frisar a grande semelhança entre a experiência de Kropotkin na Finlândia no verão de 1871 e a de seu futuro amigo e camarada William Morris em travessia pela Islândia no dorso de um burro, naqueles mesmos meses. Caminhando por Snæfellsnes em meados de julho, Morris, observando as pedras soltas na extremidade dos campos de lava, é acometido pela lembrança de uma "barricada semidestruída em Paris".[137] Ele, que durante os anos 1880 se tornaria o mais criativo e vigoroso defensor da memória da Comuna de Paris, parece não ter registrado plenamente o evento que se desenrolava naquela primavera nem ter percebido qualquer reação mais íntima além dessa visão alucinatória em que os vestígios da luta se inscreviam na paisagem natural de um país que lhe interessava primordialmente por ser "um país sem nenhuma importância comercial".[138] Para ambos os viajantes, a beleza rígida e a auste-

---

[137] Morris, William. [Carta a Jane Morris], 11 ago. 1871. *In*: Henderson, Philip (org.). *Letter to His Family and Friends*. Londres: Longmans, 1950, p. 45.

[138] Morris, William. "The Early Literature of the North: Iceland". *In*: Lemire, Eugene (org.). *The Unpublished Lectures of William Morris*. Detroit: Wayne State University Press, 1969, p. 180.

ridade aterradora do Norte enfatizam ou complementam, em algum sentido, os efeitos posteriores das notícias extraordinárias sobre o que acabava de se passar em Paris. Para os dois, o Norte é de interesse não só estético, mas antropológico. Muito já se disse que as viagens islandesas de Morris foram uma espécie de prelúdio para a sua entrada na vida política, no final da década de 1870. Foi entre os pescadores e fazendeiros que "eu aprendi a lição, de modo integral, espero, de que a mais extrema pobreza é um mal trivial quando comparada à desigualdade de classes".[139] Após sua primeira viagem islandesa, ele volta à Inglaterra esperançoso e energizado pelo ambiente inóspito de um lugar cujos "horríveis [...] desertos [eram], talvez, a considerar-se o todo, o lugar mais saudável do mundo".[140] Similarmente, Kropotkin considera a Finlândia – "este emaranhado de lago, mar e praia, tão cheio de contrastes, mas um uno inseparável e encantador ainda assim"[141] – atraente não só esteticamente, mas por motivos históricos e sociais. Da mesma forma que a agitação da Comuna lhe ofereceu um contraste à estática política de São Petersburgo, onde todos os progressistas se encontravam presos e os oprimidos se comportavam passivamente, a Finlândia ofereceu a refrescante ausência da corrupção endêmica de Moscou. O fato de o feudalismo nunca ter alcançado a Finlândia fez do povo finlandês menos servil, na visão de Kropotkin, do que o russo. A lição que a Finlândia lhe oferece

---

139 Morris, William. [Carta a Andreas Scheu], 5 set. 1883. *In*: Kelvin, N. (org.). *The Collected Letters of William Morris*, v. 2. Princeton: Princeton University Press, 1984, p. 229.

140 Morris, William. "The Early Literature of the North: Iceland", *op. cit.*, p 180.

141 Kropotkin, Peter. "Finland, a Rising Nationality". *The Nineteenth Century*, v. 97, mar. 1885, p. 531.

é muito parecida com a lição aprendida por Morris na Islândia: apesar da grande pobreza, os finlandeses praticavam uma vida simples, baseada, nas palavras dos biógrafos de Kropotkin, na "ausência de hábitos de luxo doentios [que] eram universais em todos os estratos da sociedade".[142] Eles praticavam, podemos dizer, uma forma de luxo comunal.

A decisão de Kropotkin, numa colina finlandesa, de abandonar a ciência e a geografia e se colocar a serviço do povo não foi, no fim, uma conversão tão dramática quanto pode parecer. Ele viria a fazer uso da pesquisa geográfica que conduzira na Sibéria e na Escandinávia ao ser convidado, por Elisée Reclus, para colaborar com grandes trechos sobre a Sibéria e a Ásia Central na edição da *Nouvelle Géographie Universelle* [Nova Geografia Universal]. Os meses que passou nos depósitos glaciais do norte escandinavo, somados aos cinco anos precedentes que passara na Sibéria como oficial cossaco e geógrafo iniciante, lhe deram a base empírica em observação natural que lhe seria necessária para desenvolver a teoria evolucionária da cooperação em *Mutualismo: um fator de evolução*. Além disso, o interesse em formas de associação animal / humana e em métodos de produção alimentar e agrícola permaneceram no centro de seu pensamento político e ecológico por toda sua vida. Em *A conquista do pão*, por exemplo, escrito como uma série de artigos para o jornal *Le Révolté*, do qual foi cofundador, nos anos 1880, a descrição mais detalhada da sociedade anarquista se apresenta como uma reescritura da Comuna de Paris de 1871 tendo por perspectiva a autossuficiência agrícola como estratégia revolucionária. "A que deveriam recorrer os 2 milhões de habitantes de Paris quando já não estivessem reverenciando os príncipes

142 Woodcock, George; Avakumovic, Ivan. *The Anarchist Prince*. Nova York: Schocken, 1971, p. 85.

russos, as nobres romenas e as esposas dos financistas de Berlim, com seus caprichos e divertimentos luxuosos?",[143] pergunta o príncipe russo. Sua resposta é uma elaborada imagem, em que Paris soluciona os seus problemas de suprimento por meio do uso de métodos intensivos de horticultura ao longo dos departamentos do Sena e do Seine-et-Oise. A insurreição de 1871 é refigurada por Kropotkin à luz da jardinagem experimental que ele empreendera durante seu encarceramento na Rússia, e filtrada por sua leitura das teorias do zoólogo Karl Kessler sobre os institutos cooperativos naturais. Todos os parques extensos de Paris, mas especialmente as propriedades da pequena nobreza, as grandes reservas de caça de Rambouillet e adjacências, as florestas e os terrenos dos palacetes aristocráticos são, em seu esquema, expropriados e distribuídos para que se tornem jardins de vegetais de elevada produtividade.

Em um artigo intitulado "Kropotkin Was No Crackpot" [Kropotkin não era excêntrico], o biólogo Stephen Jay Gould relembra a história de sua relação com as ideias de Kropotkin e, em particular, com o grande texto deste, *Mutualismo*.[144] Kropotkin escreveu seu livro como uma resposta direta à visão de mundo malthusiana e gladiatória que T. H. Huxley propagara com base em sua leitura de Darwin: um mundo mortal de competição absoluta, em que espécies e mais espécies batalham para abrir caminho em um terreno superpopuloso (enquanto tiram outras espécies do caminho) em direção ao espaço existente disponível.[145] Em sua própria leitura de Darwin,

---

143 Kropotkin, Peter. *The Conquest of Bread and Other Writings*. Cambridge: Cambridge University Press, 1995, p. 73.

144 Cf. Gould, Stephen Jay. "Kropotkin Was No Crackpot". *Natural History*, v. 97, p. 12-21, jul. 1988.

145 *Ibidem*, p. 12.

Kropotkin localizou os traços de outra linha de pensamento, mais sutil e subestimada, que se somava à da competição pela sobrevivência: uma que reconhece o papel desempenhado pelas formas de cooperação entre as espécies na sobrevivência evolutiva. Gould narra como é atraído pela leitura de Darwin feita por Kropotkin, embora a ache abertamente idiossincrática – muito caseira, por assim dizer, muito artesanal ou muito isolada como proposta que pudesse gerar consenso acadêmico. Sua visão do isolamento de Kropotkin, entretanto, como ele mesmo admite depois, é produto de seu próprio paroquialismo, de uma estreiteza de perspectiva que ele viria a sanar quando se tornasse capaz de associar Kropotkin a um campo mais amplo da pesquisa científica russa. A dificuldade de Gould em relação ao pensamento de Kropotkin não causa surpresa. Muitas vezes, o conteúdo de uma ação, de um conjunto de ideias, ou mesmo de um gesto pode ser compreendido somente em relação a sua situação e a seu contexto. Um de meus objetivos neste livro é justamente providenciar a Kropotkin e Morris um contexto – a Comuna e suas consequências – ao qual eles não são associados geralmente. Gould conseguiu encontrar um contexto diferente. Tendo adquirido a capacidade de ler as ideias de Kropotkin em relação (ou lado a lado) à principal corrente da teoria evolucionista russa, não traduzida em sua maior parte, Gould deixou de considerar Kropotkin como uma peculiaridade. Os cientistas russos e a perspectiva nórdica rejeitavam unanimemente a competição malthusiana, pois a viam como uma expressão teorética que só poderia ter surgido da experiência de um país pequeno, superpopuloso e hiperindustrializado, cujo ideal econômico fosse a competição aberta do "livre mercado", e de uma pesquisa conduzida, como fora a de Darwin, no ambiente ecologicamente rico e fervilhante da flora e da fauna dos trópicos. Também Marx chegara à conclusão de que Darwin era, para todos os propósitos, um "Little Englander":

> É notável que Darwin redescubra entre as bestas e plantas a sociedade da Inglaterra com sua divisão do trabalho, competição, abertura de novos mercados, "invenções" e a malthusiana "luta pela existência". É o *bellum omnium contra omne* [luta de todos contra todos] de Hobbes.[146]

Não é de surpreender que uma teoria que fosse derivada, em vez disso, da longa história russa de formas sociais comunais e de uma experiência direta da terra e da história natural russas, com sua população esparsa e seu ambiente rigoroso, ressaltaria a luta que opõe organismos a um ambiente desafiador, muitas vezes brutal, assim como as formas de cooperação que eles desenvolvem para sobreviver, em detrimento do combate pela sobrevivência do mais apto. Os anos passados nos sombrios desertos polares siberianos provavelmente contribuíram para que Kropotkin visse na Comuna de Paris aquele que se tornaria o seu exemplo privilegiado de esforço cooperativo sob condições de grande provação.

Quanto a Morris, a ligação com a literatura islandesa e com as culturas tribais do Norte permaneceram até a sua morte. Nos tempos atuais, a Islândia tem desempenhado um papel impressionante de alimentar um imaginário anticapitalista: sua resposta à crise econômica de outubro de 2008, inédita entre os países europeus, foi forçar os líderes políticos responsá-

---

[146] Marx, Karl. [Carta a Friedrich Engels], 18 jun. 1862. *In*: Marx, Karl; Engels, Friedrich. *Collected Works of Karl Marx and Friedrich Engels*. v. XLI. Londres: Víctor Gollanez, 1985, p. 381.

veis pelo programa neoliberal agressivo a renunciarem a seus cargos. Nos anos 1870, para alguém com a sensibilidade de Morris, a Islândia era um tipo de cápsula do tempo, cujos ancestrais modos comunitários e democráticos ainda podiam ser distinguidos como reminiscências na autorregulação interna e nos ritmos diários das relações sociais correntes; na cadência da língua; e na volumosa e antiga literatura heroica, comumente lida e recitada então. Também Elisée Reclus via a literatura medieval islandesa como um *exemplo*, um marco na história da liberdade humana. Populada por exilados que preferiam o chefe local a um rei déspota, isolada e açoitada no meio do oceano, mas protegida por três séculos e meio do desenvolvimento da Europa Ocidental, a Islândia, apesar das dificuldades extremas, havia atingido, na visão de Morris e Reclus, em virtude de seu regionalismo crítico, um dos níveis intelectuais e morais mais altos da história mundial, senão, para Reclus, o mais alto. Seu povo, ligado entre si, como em outras sociedades pré-capitalistas, por consanguinidade e proximidade, embora também por ódio e hostilidade, não se aliava por dinheiro; os estratos socioeconômicos eram pouco diferenciados, e a recompensa e a privação materiais eram distribuídas de forma mais ou menos igualitária. Desenvolvendo-se isoladamente da Europa, a Islândia se tornou isenta de muitas das hierarquias sociais europeias, e, segundo Morris, não sofreu "degradação de classe".[147] Reclus enfatizava a forte tradição democrática e o espírito de independência que preponderaram entre os islandeses num momento em que a Europa era dominada pelo despotismo, pela monarquia e pela hierarquia feudal. Eles "foram completamente bem-sucedidos em manter sua dignidade

147 Morris, William. "The Early Literature of the North: Iceland", *op. cit.*, p. 198.

como homens Livres", sem reis, príncipes feudais, hierarquia, e sem participar em guerras.[148] Seu nível extremamente alto de alfabetização era igualmente distinto; cada um de seus navios, em viagens de longo curso, levava um marinheiro cuja tarefa era recitar poesia à tripulação. Decisões eram tomadas de acordo com o "interesse comum, discutido ao ar livre por todos os habitantes", e os processos judiciais eram sujeitos à mesma supervisão popular. Mais importante, talvez, segundo escreve Reclus, os islandeses foram capazes de manter ao longo de muitos séculos uma considerável equidade sobre o princípio da "terra para os camponeses".

É fácil contestar a precisão empírica da história etnográfica do século XIX. E nem todos compartilhariam da conclusão de Morris de que a "nossa pobreza civilizacional artificial", um produto do desperdício inerente a uma sociedade desigual, "é muito mais amarga àqueles que a sofrem do que a pobreza natural do mais rude barbarismo".[149] O que importa, entretanto, é reconhecer no fascínio de Morris e de Reclus com a Islândia medieval a vereda para descentralizar o fluxo da história. É uma forma de romper com a consciência modernizadora de um Edward Bellamy, cujo trabalho, castigado por Morris numa resenha, é visto por este como "toscamente moderno [...], a-histórico e não artístico [...], perfeitamente satisfeito com a civilização moderna".[150] É um modo de permitir que se tornem

---

148 Reclus, Elisée. *L'Homme et la terre*. tomo 2 [1931]. Antony: Editions TOPS; H. Trinquier, 2007, p. 307-308.

149 Morris, William. "The Promise of May" *apud In*: Morris, May (org.). *William Morris: Artist, Writer, Socialist*. v. 2. Nova York: Russel and Russel, 1966, p. 361.

150 Morris, William. "Looking Backward: A Review of Edward Bellamy". *In*: Morris, William. *News from Nowhere and Other Writings*. Londres:

visíveis outros caminhos através do tempo histórico, incluindo o tempo porvir. A subsistência, no presente, de culturas não pautadas pelo acúmulo gera confiança na possibilidade do anacronismo ao permitir encontros entre um momento atual e aspectos incorporados do passado, ainda que encalhados ou cercados, mas esporadicamente perceptíveis. A evocação de sociedades comunitárias ou tribais do passado pode providenciar pistas para formas livres de uma vida econômica inteiramente nova no futuro. Ao alçarmos sociedades pré-capitalistas a uma posição de exemplo, investindo nela um significado incomum, podemos obter delas ideias que podem ser *apropriadas*, no forte sentido da palavra tal como atribuído por Henri Lefebvre. Essas sociedades se tornam "modelos antecipatórios", "*novae*", nas palavras de Ernst Bloch, ou "sugestões exemplares", para tomar de empréstimo uma frase de Peter Linebaugh.[151] O fato de que a riqueza e o poder se acumularam nas mãos de poucos enquanto se edificava um Estado na Islândia, a partir do século XII, é, para Morris, de tão pouca importância quanto o "fracasso" da Comuna: em ambos os casos, para os que os viveram em primeira mão, um tipo de liberdade e uma rede de solidariedade se concretizaram, e da derrota pode muito bem vir a existir um protótipo de revoluções sociais futuras. É por isso que Morris tendia a chamar suas referências à Islândia ou aos teutões antigos de "parábolas": "Àqueles com o coração para compreender, este conto do passado é uma parábola de

---

Penguin, 1993, p. 354.

151 *Apud* Boos, Florence. "Morris's German Romances as Socialist History". *Victorian Studies*, primavera 1984). p. 321. Linebaugh, Peter. "Prefácio". *In*: Thompson, E. P. *William Morris: Romantic to Revolutionary*. Oakland: PM Press, 2011, p. xxvi.

dias que virão".[152] Um ouvinte de uma das palestras de Morris usou o mesmo termo para descrever o que escutou naquela noite: "algo mais do que um discurso, uma espécie de parábola ou previsão, na qual arte e trabalho eram narrados não como meras circunstâncias ou incidentes da vida, mas como a vida ou o ato de viver mesmos".[153] "Parábola" vem do grego "ao lado" somado a "lançar, colocar, girar": um ato de "pôr ao lado", ou "colocar lado a lado". Uma parábola não diz respeito a voltar ou reverter o tempo, e sim a abri-lo à rede de possibilidades. Assim, uma visão do trabalho não alienado e da sociedade sem classes é colocada ao lado do momento contemporâneo – "a pobreza artificial da civilização" – como uma forma de recrutar esperanças passadas para que sirvam a necessidades presentes. Uma parábola pressupõe no ouvinte não tanto o coração quanto a faculdade mental (talvez seja mesmo o coração) que permita à mente integrar duas narrativas conceituais em um significado novo, uma terceira história. Essa terceira história pode muito bem ser aquela que Florence Boos vê anunciada na poesia e nos ensaios de Morris, na qual "seremos nossos

---

[152] Morris, William. "Art and Socialism" [1884]. *In*: Morton, A. L. (org). *The political writings of William Morris*. Londres: Wishart, 1973. p. 122. Em outro texto, Morris escreve: "Por necessidade, devo me voltar ao passado e a tempos idos, e você deve acreditar que faço isso com o objetivo único de mostrar onde jaz a esperança no futuro, e não devido a um lamento por dias que nunca se repetirão". Morris, "Art and Labour". Lemire, Eugene (org.). *The Unpublished Lectures of William Morris*, *op. cit.* p. 96.

[153] Bruce Glasier, *apud* Thompson, E. P. *William Morris: Romantic to Revolutionary*, *op. cit.*, p. 355.

próprios godos e, a qualquer custo, romperemos o novo tirano, o Império do Capitalismo".[154]

Nesse sentido, o poema de Morris sobre a Comuna, "Pilgrims of Hope" [Peregrinos da esperança], de 1885, se apresenta como uma parábola tanto quanto seus romances *House of the Wolfings* [A casa dos Wolfings], *A Dream of John Ball* [Um sonho de John Ball] ou *The Roots of the Mountains* [As raízes das montanhas]. Entretanto, enquanto esses romances narram, respectivamente, a luta de tribos germânicas contra seu opressor autocrático, um levante camponês no século XIV e as primeiras lutas de sociedades tribais antigas pelo estabelecimento de uma ordem comunal funcional, "Pilgrims of Hope", escrito na dicção direta do realismo, e não numa linguagem onírica, se passa no presente e seus personagens são ordinários trabalhadores britânicos.[155] Seu leitor definitivamente não é transportado a um mundo onírico com leis e culturas próprias, lógica e consistência próprias; o poema é firmemente situado no agora de um leitor britânico da *Commonweal* em 1885, a tal ponto que Morris incorpora material retirado das lutas britânicas dos anos 1880, bem como suas experiências recentes com os trabalhadores londrinos. Ainda assim, ele o faz de modo que os eventos descritos no poema levem, cronologicamente, à

---

[154] Morris, William. "The Development of Modern Society". *Commonweal*, 16 ago. 1890, p. 261.

[155] Na verdade, um dos primeiros biógrafos de Morris sustenta que "The Pilgrims of Hope" é a primeira obra da literatura inglesa a verdadeiramente romper com a barreira da classe, assemelhando-o ao tipo de realismo socialista de um Gorki muito antes que este surgisse; ele também julga o texto como o "mais importante poema da narrativa contemporânea da Inglaterra durante o século XIX". Cf. Lindsay, Jack. *William Morris, His Life and Works*. Londres: Constable, 1975, p. 308.

Comuna. Em seu uso da dicção realista em "Pilgrims of Hope", podemos dizer que Morris logrou registrar tanto a condição de exemplo que a Comuna compartilhava com a Islândia medieval quanto a outra característica daquela, mais chocante: o fato de ter acontecido no presente.

Em Londres durante a Comuna, Marx estava, como Kropotkin e Morris, começando a própria imersão na "literatura nórdica": ele lia Tchernichevski e as edições que lhe eram entregues por Elisabeth Dmitrieff da revista dos populistas russos e membros da Internacional na Suíça. Entretanto, diferentemente de Kropotkin e Morris, ele tinha plena ciência do que ocorria em Paris. Marx estava tão informado quanto era possível estar sobre um evento intencionalmente mantido isolado por sistemas de propaganda e censura. O choque causado pelo desdobramento da Comuna e pela presença de tantos amigos seus na luta teve em Marx um efeito imediato, colocando-o cara a cara com as forças humanas de emancipação *do presente* e demandando dele um pensamento concomitante a elas. Ao colocá-lo frente a frente com a existência efetiva de formas sociais alternativas, a Comuna provou-se ser, se podemos usar o termo de Rancière, algo como uma completa "partilha do sensível".[156] Para Marx, como para Kropotkin e Reclus, a Comuna se mostrara largamente criadora, pois gerara formas de esquematizar, de interpretar ou de tomar parte no momento mesmo da intervenção, as quais, então, alteravam os limites de percepção e abriam um campo de possibilidades.

Raya Dunayevskaya e David Harvey enfatizaram, cada um a seu modo, o papel central que a Comuna desempenhou na trajetória de Marx. Harvey assinala que o próprio Marx só veio

[156] Cf. Rancière, Jacques. *The Politics of Aesthetics*. Londres: Continuum, 2004.

a experimentar o peso total de uma dialética "ou-um-ou-outro" no momento em que a Comuna de Paris foi proclamada. Uma dialética como essa, em oposição à dialética transcendental ou hegeliana do "tanto-um-quanto-outro", é uma dialética restrita a um espaço particular e, como tal, demanda uma escolha política ou existencial. Sua lógica é pautada pela dimensão e embasamento geográficos da luta de classes: as demandas, preocupações e aspirações que são especificamente locais. Quando a Comuna irrompeu, Marx, que teoricamente apoiava qualquer levante da classe operária, foi inicialmente crítico ao que entendeu como uma falta de preparo por parte dos comunardos. No entanto, a própria existência da luta o levou a reconhecer as sérias repercussões, fosse de seu apoio, fosse de sua rejeição à Comuna. No fim, ele optou fortemente pelo apoio, produzindo, na voz da Internacional, uma interpretação solidária – até "transfigurativa", como declarou Jacques Rougerie[157] – do evento, a qual funcionou também como um manifesto ou ato discursivo a ampliar e continuar as conquistas que os comunardos estavam obtendo. Harvey argumenta que não se tratava de uma questão menor a decisão de apoiar ou de criticar a Comuna no momento mesmo em que as contingências históricas do evento estavam se desenrolando com força total, e Marx, que sabia perfeitamente o que estava em jogo, agiu à altura.[158]

Entretanto, devemos nos aprofundar no argumento, para traçarmos em mais detalhes o efeito da Comuna "na existência efetiva" do pensamento de Marx, isto é, os problemas que ele

---

[157] Rougerie se refere à "superba transfiguração (e não desfiguração) da Comuna". Rougerie, Jacques. *La Commune*. Paris: PUF, 1988, p. 77.

[158] Cf. Harvey, David. *Spaces of Hope*. Berkeley: University of California Press, 2000. p. 174-175. Agradeço a Erag Ramizi por me alertar sobre essa discussão.

abordou ou deixou de lado, as conexões que fez, as novas possibilidades de comparação que a contingência lhe despertou. Em resumo, o caminho que ele percorreu. A direção que Marx tomou após a Comuna é apontada por Harvey quando este comenta que seus escritos históricos, assim como os escritos da última década de sua vida – os trabalhos etnológicos, a carta a Vera Zasulich –, mostram uma predileção por uma dialética "ou-um-ou-outro", local-demarcada, em vez da dialética transcendental hegeliana. A frase que Marx se sentiu compelido a adicionar ao novo prefácio do *Manifesto comunista* que escreveu em 1872 – "a classe operária não pode simplesmente se apossar da maquinaria estatal já pronta e fazê-la funcionar para os seus próprios objetivos" – indica claramente a distância que a Comuna o fez tomar em relação a suas primeiras reflexões sobre a centralização do Estado.[159] O que ele agora compreendia era que, sob o Segundo Império, a independência formal do Estado em relação à sociedade civil, seu crescimento como uma "excrescência parasítica" enxertada à sociedade civil, era em si a *forma* pela qual a burguesia dominava.[160] Atacar a separação entre o Estado e a sociedade civil não era um dos objetivos remotos do comunismo, mas o meio prático para sua realização, o veículo da luta de classes. A forma da Comuna, por sua vez, era menos uma forma do que um conjunto de ações desmanteladoras, era a crítica-no-ato ao Estado burocrático. Uma crítica que, nas palavras de Marx, se realizava na abolição do Estado. Os comunardos não *decretaram*

---

[159] Marx, Karl. Prefácio à edição alemã do Manifesto Comunista de 1872. *In*: Ryazanoff, D. (org.). *The Communist Manifesto*. Nova York: Russel and Russel, 1963, p. 260.

[160] Marx, Karl. *The civil war in France*. Nova York: International Publishers, 1976, p. 58.

nem *reivindicaram* a abolição do Estado; em vez disso, eles puseram em execução, passo a passo e durante o pouco tempo que tiveram, a tarefa de desmontar todos os seus fundamentos burocráticos. Um corpo atuante, não um corpo parlamentar, a Comuna foi concomitantemente executiva e legislativa. O exército foi eliminado; todos os estrangeiros foram admitidos à Comuna; os funcionários públicos foram eliminados – algumas de suas tarefas ainda existiam, mas eram realizadas por qualquer pessoa, por um salário de operário e sujeitas à remoção imediata – e padres foram enviados aos "recessos da vida privada".[161] A Comuna, como nos lembra Engels, não tinha ideais a serem realizados. Mesmo assim, produziu uma filosofia da liberdade superior à Declaração de Independência dos Estados Unidos ou à Declaração dos Direitos do Homem, porque foi *concreta*. É por isso que, para Marx, nada dá a real dimensão social da Comuna quanto "sua própria existência efetiva" – em outras palavras, o simples fato de existir, com seus limites e suas contradições.

Nos anos seguintes ao desmantelamento da Comuna, Marx se engajou principalmente em duas tarefas: a preparação do que alguns hoje consideram a edição definitiva de *O capital*, ou seja, a edição francesa, a única que ele supervisionou pessoalmente, e a continuação de seus estudos sobre Tchernichevski, incluindo seus *Essays on Communal Ownership of Land* [Ensaios sobre a propriedade comunal da terra], e sobre as formas comunais russas. Raya Dunayevskaya observa que uma das principais mudanças feitas por Marx na edição francesa de *O capital* foi a expansão e o reforço da seção sobre o fetichismo da mercadoria, de modo a enfatizar não só a troca de merca-

161 *Ibidem*, p. 57.

dorias, mas também a natureza dual inerente ao trabalho.[162] O que Marx viu em ação na existência efetiva da Comuna foi a dissolução real do fetichismo da mercadoria e o estabelecimento de seu oposto: relações sociais como "trabalho livremente associado". Melhor do que qualquer teórico, a atividade criativa dos comunardos expôs o fetichismo da mercadoria inerente à própria *forma* do produto do trabalho como mercadoria – incluindo, especialmente, o trabalho em si como mercadoria. O que os comunardos tornaram exposto na forma de seu próprio "trabalho livremente associado" representava o oposto da reificação. O trabalho continuou existindo durante a Comuna, é claro, mas ele desapareceu em seu aspecto de trabalho assalariado forçado ou constrito por um contrato assimétrico. O trabalho produtivo não mais carregava o significado de trabalho assalariado permutado em oposição ao capital. Ele havia adquirido o significado maior de uma atividade útil às necessidades da sociedade como um todo. Como Marx afirmou: "Com o trabalho emancipado, todo homem se torna um trabalhador, e o trabalho produtivo deixa de ser um atributo de classe".[163]

Depois de ver, pelas ações dos comunardos, de que forma o trabalho livremente associado poderia se materializar, Marx pôde teorizar melhor o seu oposto, isto é, a forma mercadoria. Dunayevskaya então avança um passo em seu argumento. O fortalecimento da teoria de Marx residiu, a um só tempo, em

---

[162] Cf. Dunayevskaya, Raya. *Philosophy and Revolution*. Nova York: Columbia University Press, 1973, p. 80-94.

[163] Marx, Karl. *The civil war in France*, *op. cit.*, p. 61. Essa descrição da natureza do trabalho na Comuna é baseada em: Bensaid Daniel. "Politiques de Marx". *In*: Marx, Karl; Engels, Friedrich. *Inventer l'inconnu: textes et correspondance autour de la Commune*. Paris: La Fabrique, 2008, p. 43.

sua ruptura com o próprio *conceito* de teoria. Essa ruptura, argumenta Dunayevskaya, começara a tomar forma num momento anterior, quando Marx, já depois de diversas versões e revisões entre as incontáveis que compuseram a edição de *O capital*, decidiu incluir no livro uma seção sobre a jornada de trabalho. O que importa notar é que, com essa decisão, Marx introduzia diretamente na teoria a luta dos trabalhadores pela diminuição da jornada de trabalho. Com isso, ele estava dizendo, de fato (e de forma muito material), que, para entender o que se dá no mercado, é necessário abandonar o mercado e adentrar a fábrica, pois é nesta que as relações entre os homens se reificam e se transformam em coisas. "Quando o meu dia começa e quando ele termina?": com essa questão, inquire-se não sobre economia ou filosofia, mas sobre seres humanos e sua vida diária, seu trajeto. E o que está em jogo é a "história e seu processo". A Comuna deixou claro que as massas dão forma à história e, ao fazê-lo, reformulam não só a realidade, mas também a teoria. Ao seguir o processo da luta material efetiva, Marx descobre um novo mundo *em cognição*. Suas discussões deixam de ser com Smith e Ricardo, com teóricos, sejam eles burgueses ou socialistas. Sua transição da história da teoria para a história da luta de classes no processo produtivo *se torna a teoria*. Ele se desloca, assim, de um conceito de teoria como debate entre teóricos, assim como se afasta da ideia de que é a história desse debate que importa, para um conceito de teoria como a história das relações de produção.

À luz do argumento de Dunayevskaya, vale frisar que Marx deu à luta pela jornada de trabalho o mesmo nome que daria, mais tarde, à insurreição de 1871 em Paris: "guerra civil". A luta pela diminuição da jornada de trabalho, ele escreveu, foi "uma guerra civil prolongada e mais ou menos dissimulada entre a classe capitalista e a classe operária".[164] A medida do quão inflamatório o termo "guerra civil" pode ter sido naquele momento é aferida pelo comportamento do genro de Marx, o antigo comunardo e reformista Charles Longuet, que, ao editar uma tradução para o francês de *A guerra civil na França*, em 1900, deliberadamente mudou o título de *La guerre civile* [A guerra civil] para *La Commune de Paris* [A Comuna de Paris]. O que o termo "guerra civil" indicava, e isto a Comuna havia tornado claro, era que, para a burguesia, o proletariado não é um inimigo simples, comum no sentido de uma guerra clássica (a guerra, por exemplo, entre franceses e prussianos), mas um bárbaro, a encarnação do mal absoluto. Como aponta Engels: "A burguesia declara que os trabalhadores não são inimigos ordinários que devem ser vencidos, mas inimigos da sociedade que devem ser exterminados".[165] Guerras civis têm a lógica impiedosa das guerras santas; numa guerra civil, a classe dominante atribui a si o monopólio da humanidade. Porque a Comuna atingiu o núcleo do sistema estatal, econômico e social, a classe média europeia se uniu contra a insurreição em um movimento semelhante a uma cruzada religiosa, uma cruzada que culminou com o massacre classista que se deu no coração da Europa "civilizada": os fuzilamentos em massa de dezenas de milhares de comunardos, em maio de 1871. A tentativa, por parte do governo burguês-republicano, de exterminar fisicamente seu inimigo de classe evoca, em todos os sentidos, os extermínios massivos motivados por religião ou por raça. E Marx ainda assim considerou que o mesmo antagonismo de classe, os mesmos riscos, a mesma guerra civil – embora "prolongada e mais ou menos dissimulada" – marcaram a longa luta do século XIX

---

164 Marx, Karl. *Capital*. v. 1. Londres: Penguin Books, 1976, p. 412-413.

165 Engels, Friedrich. *Neue Rheinische Zeitung*, 28 jun. 1848.

pelo encurtamento da jornada de trabalho. Para analisar essa luta, não era suficiente listar as patéticas descrições das condições monstruosas de trabalho. A descrição, como argumenta Georg Lukács em seu estudo da composição naturalista, é equivalente à reificação,[166] pois naturaliza as condições e marca a ausência das relações. Em vez de descrever, em seu capítulo sobre a jornada de trabalho, Marx narra a autoconstituição da classe operária como sujeito revolucionário, pensando *junto a*, ou *ao lado* das forças humanas que começavam a avançar: "Repentinamente, entretanto, surge a voz do trabalhador, que havia sido previamente emudecido pelo som e pela fúria do processo produtivo".[167]

O efeito mais significativo e direto que os modos alternativos de organização social e econômica da Comuna tiveram sobre Marx, porém, foi o de tornar mais visível a existência efetiva de uma sociedade alternativa e não capitalista fora da Europa. Seu interesse, durante a última década de sua vida, pelo comunalismo agrário primitivo foi motivado pelo impacto do movimento revolucionário populista russo e pelo fato de este ter conferido lugar central à *obshchina*. Os populistas acreditavam na capacidade da *obshchina* – baseada na noção de que a propriedade comum da terra era o pilar do comunismo primitivo – em prover as bases para uma economia comunal moderna sem a necessidade de passar pela economia de mercado capitalista e a inevitável destruição que esta provocaria. Marx olha para a Rússia e vê sociedades rurais não capitalistas – baseadas não na consanguinidade, mas na localidade – emaranhadas num mundo capitalista. Porém ele as vê agora através do filtro da

166 Cf. Lukács, Georg. "Narrate or Describe?". *In*: Lukács, Georg. *Writer and Critic and Other Essays*. Londres: Merlin Press, 1970.

167 Marx, Karl. *Capital*, *op. cit.*, p. 342.

insurreição parisiense. Na forma da comuna campesina russa, Marx distingue os traços do comunismo primário que observara na Comuna de Paris: "indivíduos [que] se comportam não como trabalhadores, mas como proprietários – como membros de uma comunidade que, entre outras coisas, trabalha".[168] A redução implacável dos custos, da escala e do poder de qualquer autoridade central que os comunardos de Paris promoveram permitiu a Marx perceber que o inimigo das comunas russas não era uma forma de inevitabilidade histórica, estagiária, mas o próprio Estado: "O que ameaça a vida da Comuna Russa não é nem uma inevitabilidade histórica, nem uma teoria; é a opressão estatal, e a exploração por parte dos intrusos capitalistas que o Estado tornou poderosos às custas dos camponeses".[169] Como os comunardos de Paris, os populistas russos – uma aliança de camponeses, trabalhadores e da *intelligentsia* trabalhadora – empreendiam uma guerra de classes contra o Estado.

A questão central de uma carta a Marx enviada por Vera Zasulich – uma amiga de Kropotkin com quem este excursionou nas montanhas próximas a Zurique em 1878 – era o futuro da Comuna Russa quando de seu debate entre populistas e aqueles que se consideravam marxistas. Era uma questão, nas palavras de Zasulich, de vida ou morte. Os "marxistas", na Rússia, adotavam um ponto de vista evolucionista, uma teoria da modernização segundo a qual camponeses não formavam mais do que uma massa reacionária, um vestígio sentenciado à desaparição

---

168 Marx, Karl. *Pre-Capitalist Economic Formations*. Londres: Lawrence and Wishart, 1864, p. 68.

169 Marx, Karl. "Marx-Zasulich Correspondence: Letters and Drafts". *In*: Shanin, Teodor. *Late Marx and the Russian Road: Marx and 'The Peripheries of Capitalism'*. Nova York: Monthly Review Press, 1983, p. 104-105.

pelo curso inevitável da história em direção à centralização capitalista. Já para os populistas, a sobrevivência de um comunismo primitivo, ou "surgido naturalmente", e as reminiscências de uma sociedade pré-classes formavam uma força positiva no presente e para o futuro.

A inquietante questão de Zasulich faz com que Marx, como citado por Shanin, "desça da teoria pura à realidade russa" e "perca o medo da palavra 'arcaico'".[170] Marx se compromete ao detalhe da experiência conhecida e acelera seu profundo estudo das formas comunais russas. Muito desse estudo se caracteriza pelo mesmo afinco com que ele sistematicamente se debruçara sobre o vasto conjunto de dados empíricos que havia coletado sobre a Comuna de Paris enquanto ela ocorria. Marx responde a Vera Zasulich que as sociedades não capitalistas podem, sim, alcançar diretamente o socialismo com base nas formas comunais nativas; entretanto, ressalva que "tudo depende do contexto histórico em que estão localizadas".[171] E conclui: "não se trata mais de um problema a ser resolvido, mas de um inimigo a ser derrotado. Assim, não é mais um problema teórico [...], é simplesmente um inimigo que deve ser vencido".[172] Nos termos de David Harvey já mencionados, eis um exemplo perfeito de uma dialética "ou-um-ou-outro", e não de uma dialética transcendental hegeliana.

A esse ponto, a Rússia parecia ser percebida em sua absoluta particularidade: como um núcleo independente de desenvolvimento dialético, e não como um mero "estágio" preparatório no obrigatório desenvolvimento de uma cultura capitalista. No elenco global de atores nacionais, a Rússia passa a ser

---

170 Shanin, Teodor. *Late Marx and the Russian Road*, *op. cit.*, p. 107.

171 *Ibidem*, p. 120-121.

172 *Ibidem*, p. 116.

vista como uma espécie de "tipo" lukacsiano: nem estereótipo, nem exceção, sejam eles generalizáveis ou excêntricos. Pois não havia nada de excepcional ou mesmo de identitário na situação russa, nada que pudesse localizá-la em qualquer natureza mística russa ou legado cultural autêntico. Sociedades pré-capitalistas e tribais existiam em outras partes do mundo, e identidades não podem nunca ser separadas das circunstâncias. Para Tchernichevski, a situação russa não era, de modo nenhum, uma "misteriosa característica específica que fosse peculiar à natureza da Grande Rússia", mas sim o resultado do que chamou de "circunstâncias desfavoráveis do desenvolvimento histórico na Rússia"[173] – circunstâncias que, a seu ver, serviram, favoravelmente, diga-se, à manifestação daquilo que seu camarada Pyotr Tkachev designou "as vantagens relativas do atraso".[174] Porém, também não havia nada de ordinário na situação russa – ela não é estatisticamente "representativa" de seu momento histórico. Com "tipo", eu quero dizer simplesmente que a situação russa no período concentra, em suas formas mais vívidas, todas as contradições crescentes, bem como todas as forças, potenciais e existentes, que convergem para a mudança social. Isso explica, em parte, a persistência da figura da *obshchina* não só em Marx, mas em Reclus, Kropotkin e outros socialistas ocidentais.

No caso das comunas russas, Marx via no isolamento de umas em relação às outras a sua principal fraqueza, embora tal isolamento, como ele sugeria, pudesse ser superado mediante a insurreição, seguida de uma "assembleia camponesa eleita pelas próprias comunas", ou, em outras palavras, por um corpo

---

[173] *Apud* Wada, Haruki. "Marx and Revolutionary Russia". *In*: Shanin, Teodor. *Late Marx and the Russian Road*, *op. cit.*, p. 47.

[174] *Apud* Shanin, Teodor. *Late Marx and the Russian Road*, *op. cit.*, p. 23.

econômico e administrativo que servisse a seus próprios interesses – um tipo de federação.[175] Assim, os camponeses tocariam seus próprios assuntos. Mas haveria uma outra condição: seu sucesso dependeria da habilidade de se conectar e se aliar com as forças revolucionárias da classe operária no Ocidente industrial. Para reconquistar o controle de sua história, as comunas precisariam ingressar na coletividade da história. Ainda que viessem a constituir núcleos dialéticos próprios, as comunas dependeriam de uma mediação *relacional* para sobreviver: aqui, muito antes de Antonio Gramsci e José Carlos Mariátegui, mas numa perspectiva muito próxima à que esses pensadores desenvolveriam quarenta anos depois, vemos a reivindicação da necessidade de uma aliança entre trabalhadores agrícolas e trabalhadores industriais, em uma escala global.

É possível que qualquer um que houvesse testemunhado o fim da Comuna de Paris na Semana Sangrenta de 25 de maio de 1871 se convencesse da importância central de pensar a relação entre o campo e a cidade – não por acaso, o grande tópico do romance realista clássico. Jovens do interior rural acataram a ordem de fuzilar milhares de seus compatriotas numa carnificina jamais vista na história da França. "Aqueles soldados cegos por uma lei inflexível / Tornados instrumentos passivos e bárbaros mercenários assassinos / Apoiadores monstruosos das guerras do rei": eis como o pintor-trabalhador comunardo e por vezes poeta Gaillard filho os imortalizou.[176] Benoît Malon, como assinalei anteriormente, atribuiu tamanha ferocidade às lições aprendidas pelo exército francês na subjugação colonial

[175] Shanin, Teodor. *Late Marx and the Russian Road*, *op. cit.*, p. 111.

[176] "Ces soldats aveuglés qu'une inflexible loi / Rend instruments passifs et barbares sicaires / Ces monstrueux soutiens des monarchiques guerres." Gaillard Fils. *Poésies de l'exil*. Carouge: [s. n.], 1872, p. 10.

do Norte da África. Em seus esboços de *A guerra civil na França*, Marx trata com considerável detalhamento não os jovens assassinos do interior, mas os problemas impostos aos comunardos de Paris por um isolamento que era tão severo quanto o da *obshchina* rural, com a diferença de que, no caso da Comuna, tratava-se de um isolamento *urbano*. O isolamento da Comuna era literal: a correspondência entre a Paris insurreta e o campo só se dava por balões, pombo-correio ou correio secreto, e os passaportes foram reinstaurados para viajar de um lugar para outro. Tal isolamento era, a um só tempo, causado e, até certo ponto, desejado. Sobre os primeiros dias de abril, o comunardo Georges Jeanneret nota:

> A comunicação entre Paris e França está interrompida [...]. A cidade insurgente está entregue a si. Bloqueada, esquecida, cercada, bombardeada, terá a própria história; é um mundo isolado, pelo círculo de fogo que a cerca, sim, mas também pelo espírito que a anima.[177]

O que as pessoas do campo podiam ver de Paris? E o que era permitido dizer sobre o que ocorria entre os muros da cidade? Em Paris, os comunardos estavam cientes das manobras versalhesas, como deixa claro uma canção então entoada pelas ruas: "*Leur plan c'est d'mettre comme chats et chiens / Le provincial et l'parisien / [...] En faisant croire aux campagnards / Qu'Paris n'est qu'n amas d'pillards*".[178] Um "muro de mentiras" separava o

---

[177] Jeanneret, Georges. *Paris pendant la commune révolutionnaire de '71* [1872]. Paris: Editions d'Histoire Sociale, 1968, p. 82.

[178] Coulonges, Georges. *La Commune en chantant*. Paris: Les Editeurs Français Réunis, 1970. p. 71. [O plano deles é colocar 'como cães e gatos / O provinciano e o parisiense / [...] Fazendo os compatriotas

campo da cidade, escreve Marx nas densas cinco páginas devotadas à relação entre o interior e Paris durante a Comuna: "Às Províncias, só é permitido olhar para Paris pela *camera obscura* de Versalhes".[179] Sua pesquisa sobre a imprensa no momento do evento revelou-lhe que os únicos jornais disponíveis fora de Paris eram versalheses e alemães; qualquer comunicação noticiosa que escapasse da cidade insurgente era confiscada e queimada em praça pública. "É evidente que o obstáculo que há entre Paris e as Províncias são o exército versalhês, o governo e uma muralha chinesa de mentiras, nenhum outro. Se essa muralha cair, as Províncias se unirão a Paris." Para fazer ruir a muralha, seria necessário um curso intensivo em educação política ao estilo gramsciano, algo que, é claro, nunca aconteceu. A tarefa era fazer os camponeses enxergarem – numa situação em que eram impossibilitados de ver qualquer coisa – que quem defendia fundamentalmente seus "interesses de vida" e "demandas reais", nos termos de Marx, era a Comuna, e não a lei dos grandes proprietários rurais.[180] Apesar de sua degeneração, dia após dia, em um proletariado rural, o campesinato francês se agarrava à "ilusão", "ao pretexto" da propriedade. A Comuna converteria a propriedade nominal da terra dos camponeses na "real propriedade dos frutos de seu trabalho". A Comuna oferecia um governo barato e nenhuma cobrança de guerra aos camponeses, que eram pesadamente taxados para pagar tanto pela guerra (inclusive com seu sangue) quanto pelo caro maquinário estatal. Todo o corpo jurídico parasítico – encarnado, nos

---

acreditarem / Que Paris é apenas um monte de pilhagem].

179 Cf. Marx, Karl; Engels, Friedrich. *Writings on the Paris Commune*. Nova York: Monthly Review, 1971, p. 133-136. Para os esboços das seções sobre a relação entre o campo e a cidade, cf. p. 155-159.

180 *Ibidem*, p. 157.

pequenos vilarejos rurais, pelo grande tipo social balzaquiano, o notário –, que se enriquecia com o trabalho do camponês, seria substituído por agentes comunais empregados com remuneração de operário. "[A Comuna] rasgará essa teia judiciária que enlaça o camponês francês e que oferece morada ao judiciário e aos prefeitos a serviço das aranhas burguesas que sugam o seu sangue."[181] Enquanto o Império era fundado sobre ilusões artificialmente alimentadas e preconceitos tradicionais, uma aliança com os trabalhadores em Paris seria fundada nos "interesses de vida" dos camponeses.

Os próprios comunardos perceberam claramente, já no início de abril, que as províncias eram a única esperança de vitória para a Comuna. Insurgências simpáticas à Comuna que irromperam em Toulouse, Marselha, Lion outros lugares, ainda que tenham sido rapidamente suprimidas, sustentaram, num primeiro momento, a possibilidade de ajuda vinda de fora da capital. Nas eleições municipais de abril, vitórias republicanas surpreendentes se deram em muitas regiões rurais. "Aos trabalhadores do campo", um manifesto coescrito pelos comunardos Benoît Malon, ele mesmo de origem camponesa, e André Léo, uma escritora feminista, tinha por alvo os camponeses que não eram proprietários de terras, a vasta massa de fazendeiros, plantadores e trabalhadores agrícolas. Impresso em 100 mil cópias e destinado à distribuição nas províncias, o manifesto enfatizava o reconhecimento pela Comuna da identidade dos interesses que soldavam trabalhadores urbanos e rurais:

> Irmão, estás sendo enganado. Nossos interesses são os mesmos. O que eu peço, desejo a ti; a emancipação que eu reivindico é também a tua [...]. Paris reclama que os deputados, senadores e

---

181 *Ibidem*, p. 157.

> bonapartistas que autorizaram a guerra sejam os que paguem os 5 bilhões à Prússia. Que suas propriedades sejam vendidas para esse fim, junto ao que se chama de bens da coroa, dos quais não há mais necessidade em França [...]. Ao fim e ao cabo, o que Paris deseja é *a terra para os camponeses, a ferramenta para os trabalhadores, e trabalho para todos.*[182]

Em sua "Declaração ao povo francês", de 19 de abril – o mais oficial dos documentos a delinear os objetivos e procedimentos da Comuna –, enfatizava-se a intenção de garantir a "absoluta autonomia" de cada comuna local, clamando para que fazendeiros e camponeses se declarassem "aliados" na luta pela "ideia comunal".[183]

Em conclusão à sua discussão sobre a relação da Comuna de Paris com as províncias, Marx comenta que o que Thiers e companhia mais temiam, mais até do que a emancipação do proletariado urbano, era a emancipação dos camponeses. Alguns anos mais tarde, Marx retornaria à narrativa sobre Thiers e seus companheiros para relatar suas atividades agora em um novo contexto. Em observações feitas à Assembleia Nacional Francesa em 1875, os mesmos personagens que reprimiram violentamente a Comuna de Paris quatro anos antes denunciaram o perigo que representava a propriedade comunal na Ar-

---

[182] Léo, André; Malon, Benoît. "Au Travailleur des campagnes". *In*: Malon, Benoît. *La Troisième Défaite*. [S. l.]: [s. n.], [s. d.]. p. 169-172. Malon argumenta que 100 mil cópias circularam pelo campo. Seu livro, a primeira tentativa séria de escrever a história da Comuna do ponto de vista dos revolucionários de Paris, também foi o primeiro a enfatizar o isolamento político de Paris em relação ao campo.

[183] Cf. Déclaration au peuple français, 19 abr. 1871. *In*: Rougerie, Jacques. *Paris libre* 1871. Paris: Seuil, 1971, p. 153-156.

gélia colonial, "uma forma que alimenta tendências comunistas na mente [do povo]". A política colonial francesa na Argélia, ao que parece, era governada pelo mesmo ímpeto que conduziu a brutal repressão à Comuna. Thiers, afinal de contas, era o autor de um tratado filosófico intitulado *De la propriété* [Da propriedade]. Tais representantes da burguesia francesa, observa Marx, "são unânimes em seu objetivo: [a] destruição da propriedade coletiva".[184]

Nos trabalhos de Marx produzidos a partir da Comuna de Paris, nota-se um interesse renovado pelo campesinato, especificamente pelo campesinato de fora da Europa, assim como pela existência, no presente, de formas pré-capitalistas e não ocidentais de propriedade e de trabalhos comunais, particularmente na Índia, na Argélia e na América Latina. Como Teodor Shanin e outros deixaram claro, Marx, depois de 1871, distancia-se da perspectiva revolucionária que depende do "progresso" capitalista, seja ele técnico ou socioestrutural.[185] A Comuna oferece a revelação de que a classe trabalhadora urbana precisa estabelecer com o campesinato uma aliança baseada em "interesses de vida" e "demandas reais". Ou seja, se os "interesses

---

[184] Marx, Karl *apud* Krader, Lawrence. *The Asiatic Mode of Production: Sources, Development and Critique in the Writings of Karl Marx*. Assen: Van Gorcum, 1975, p. 405-410.

[185] Cf. Shanin, Teodor. *Late Marx and the Russian Road*, *op. cit.* Bastiaan Wielenga, por exemplo, cita o interesse de Marx na "reatualização, em uma forma superior, do tipo societal arcaico" (p. 913) e numa prática revolucionária que dê vazão ao desenvolvimento da comunidade aldeã (p. 913). Cf. Wielenga, Bastiaan. "Indische Frage". *In*: Haug, Wolfgang Fritz (org.). *Historisch-kristisches Wörterbuch des Marxismus*. v. 6/II. Hamburgo: Argument Verlag, 2004. p. 904-917. Cf. também Anderson, Kevin. *Marx at the Margins*. Chicago: University of Chicago Press, 2010.

de vida" e as "demandas reais" de povos rurais e não europeus se tornaram mais perceptíveis para Marx, devemos lembrar também que eles só lhe eram visíveis em uma lógica *relacional*, "não essencialista", digamos – percebidos exclusivamente em sua relação com a vida da classe trabalhadora urbana no capitalismo. Para Marx, a Comuna de Paris implicou um "aprendizado prático de expansão das relações" – a frase é de Raymond Williams – da cidade para o campo francês, e para o campo e o mundo fora da Europa.[186] Dessa forma, a realidade do campo russo poderia agora ser percebida em sua particularidade, não como retardatária em um esquema evolutivo (darwinista), mas como parte de uma interdependência global de transformações sociais enganchadas: cidade e campo em uma escala mundial.

---

[186] Williams, Raymond. *The Long Revolution*. Nova York: Columbia University Press, 1961, p. 285.

Capítulo 4

As sementes sob a neve

Poucas são as tragédias, escreve Claude Roy sobre a Comuna, em que se observa uma tal unicidade entre lugar, tempo e ação. Circunscrita e situada entre as muralhas da cidade e severamente comprimida em duração, a Comuna aparenta ser uma história urbana, um evento local, cuja breve duração de 72 dias contrasta, no entanto, com a exorbitante estatística de mortos, a qual justifica o uso do termo "de proporções trágicas". Podemos, porém, virar a observação de Roy de cabeça para baixo.[187] Se restringirmos a nossa percepção do evento aos preceitos da tragédia a insurreição de fato cumprirá expectativas genéricas. Se, de outra forma, analisarmos a particularidade de seu desenvolvimento e a cultura política que a atravessou e que dela se desenvolveu, as ideias de isolamento e de tragicidade rapidamente se dissipam. Na década seguinte ao massacre, enquanto, sob o governo dos vencedores e a serviço da memória *deles*, Paris reconquistava a estética de monumentalidade imperial, traços da Comuna ainda podiam ser vistos por toda parte, exceto, talvez, na própria cidade de Paris. Como discutimos no capítulo anterior, William Morris percebeu os vestígios das barricadas de Paris até mesmo nos campos de lava da Islândia. O filtro que se coloca entre ele e o terreno islandês, a superposição inconsciente da lava petrificada, anciã, sobre a recente conflagração

[187] Cf. Roy, Claude. "Prefácio". *In*: Vuillaume, Maxime. *Mes Cahiers rouges au temps de la Commune*. v. 7. Paris: Récits, 1953. Devo assinalar que também Roy critica o trágico "localismo" da Comuna.

urbana, nos dá – em associação aos campos de damasco onde antes existia a Trafalgar Square – outra imagem central para tentarmos refratar as práticas e os pensamentos de inúmeros militantes na esteira da Comuna, para os quais a vivência, direta ou não, do que se passou naquelas semanas em Paris havia se tornado um ponto de inflexão.

Enquanto países como Espanha e Itália precipitavam-se em honrar a circular de Favre[188] e entregar às cortes parisienses quaisquer comunardos que tivessem escapado para seus territórios para que fossem julgados por aqueles contra quem lutaram, e enquanto a força de segurança belga bania dúzias de refugiados, Inglaterra e Suíça, por sua vez, se recusavam a extraditar os exilados políticos, pelo que ambas se tornaram os principais locais onde refugiados e simpatizantes se reuniam para continuar o trabalho político da Comuna e elaborar de forma conjunta o pensamento desta. Como Henri Lefebvre observou, a teoria de um movimento deve emergir do movimento mesmo, "pois foi o movimento que revelou, deflagrou e libertou capacidades teóricas".[189] A observação de Lefebvre é fiel à sua convicção na inseparabilidade do pensamento e da experiência revolucionários, à dialética do *vécu* [verídico] e do *conçu* [projetado]: a ideia de que, ainda que pensamento e ação não sejam idênticos, devem retornar continuamente um ao outro para se renovarem. Dessa perspectiva, qualquer tempo que se gaste contando o número de proudhonianos contra blanquistas na primavera parisiense

---

188 N. da E.: publicada em junho de 1871 a circular de Favre foi um documento redigido por M. Jules Favre que convocava todos os poderes europeus a caçar a Associação Internacional dos Trabalhadores (AIT) e seus membros.

189 Lefebvre, Henri. *The Explosion: Marxism and the French Upheaval*. Nova York: Monthly Review Press, 1969, p. 103.

de 1871, ou proporcionando a exata medida da influência jacobina, qualquer tentativa, enfim, de determinar a medida precisa dos ingredientes ideológicos que geraram a insurgência terá, fatalmente, consequências mínimas. A afirmação de Lefebvre foi feita no contexto da discussão do Maio de 68, porém foi a Comuna que deixou absolutamente claro, antes dos anos 1960, que a luta política produz, ela mesma, novas condições, modifica relações sociais, transforma os participantes do evento e a forma como pensam e falam. A própria luta cria novas formas políticas, novos modos de ser e novos entendimentos teóricos desses modos e formas. A dialética do vivido e do concebido – o que inúmeros dos futuros comunardos, em um texto escrito no início de 1871, chamaram de "penetração recíproca entre ação e ideia" – é uma dialética real, na qual algo não pode ser pensado até que algo outro venha a existir.[190] Por essa razão, acho mais produtivo – a fim de continuar a delinear os campos de força do movimento e perseguir seus efeitos centrífugos – acompanhar o deslocamento de seus participantes e examinar cuidadosamente o que transcorreu em Londres e em Genebra quando comunardos como Reclus, Lefrançais, Pindy, Victorine B., André Léo e Paul Lafargue encontraram apoiadores como Marx, Kropotkin e Morris. A mistura composta desses grupos de refugiados e indivíduos políticos pertence à práxis política da Comuna; suas vozes e sua criatividade – hoje situadas no centro do pensamento de grande parte da teoria e do ativismo ambientais contemporâneos – formam a teia relacional que o evento produziu. As intersecções no pensamento e na sociabilidade que esses grupos se dedicaram a construir vão desde encontros e amizades entre escritores e pensadores, passando

---

190 Léo, André *et al.* "Programme". *La République des Travailleurs*, 19 jan. 1871.

pelo mútuo engajamento e participação na elaboração da memória da Comuna, até a criação de projetos políticos e reflexões nos anos 1870 e 1880 que nasceram da experiência da Comuna. Esses projetos tomaram a forma de jornais, elaborações teóricas, debates e refeições compartilhadas. Os caminhos tomados, ou melhor, construídos, durante e depois da Comuna, são trajetórias e também vetores de uma análise. Constituem uma espécie de "globalização por baixo" no momento em que na França tinha início, na esteira da Comuna, uma sequência de retrocessos com características profundamente conservadoras e integralistas, recuando para na noção de identidade nacional, que se estenderiam até Vichy, no mínimo. A Terceira República, refundada e reestabilizada sobre os cadáveres comunardos, estava instituída, enquanto membros da burguesia industrial e proeminentes agricultores provinciais consolidavam sua aliança histórica, soldando, pela primeira vez na história, sociedade capitalista e Estado republicano. Devo acrescentar que, nos relatos dos refugiados em Londres e em Genebra, para aqueles que sobreviveram, a tragédia não apontou para uma direção pela qual se podia resolver o passado recente. Pode-se presumir, claro, que aqueles – os letrados – que deixaram relatos escritos enfrentaram desafios menos onerosos na adaptação a uma nova vida do que aqueles que lutaram e sobreviveram em relativa obscuridade. Mais problemas legais e um grau maior de isolamento são notados entre os comunardos que se refugiaram em Londres do que entre os que foram para a Suíça, já que os primeiros tiveram de enfrentar a barreira da língua. Entretanto, a dura, e não raro, excruciante batalha para arranjar emprego, a incerteza angustiante sobre quem, dentre os camaradas, havia sobrevivido (e a felicidade quando um camarada dado por morto ressurgia) e as brigas triviais e rivalidades do exílio eram sentimentos e preocupações cotidianos que predominavam em ambos os grupos.

Londres

Na interpretação de E. P. Thompson dois fatores tiveram um papel decisivo no renascimento do movimento socialista no Reino Unido durante a década de 1880: os eventos recentes de Paris, por um lado, e a questão da terra – sua nacionalização na Irlanda, por exemplo, e a diminuição das terras comuns –, por outro. Como na visão de Morris dos campos de lava islandeses, os dois fatores não eram separados analiticamente, mas pensados em conjunto como o domínio da possibilidade inerente aos vestígios ainda perceptíveis da expropriação das terras comuns, vestígios tais quais as ruínas parisienses ou as terras pastorais compartilhadas. Já entre os socialistas na Suíça, uma visão revitalizada e não menos significativa sobre a forma da Comuna estava em pauta, a Comuna como um cronotopo. Em outras palavras, ambos os grupos estavam focados em *pensar em conjunto* a recente efetivação, pela Comuna, do trabalho não alienado numa capital europeia e seu resquício agrícola: a Comuna insurrecional e as terras agrícolas comuns.

Em Londres, onde muitos comunardos – Verlaine, Vermersch, Rimbaud, Vaillant, Lafargue, entre outros – se refugiaram, a Comuna providenciava, acima de tudo, uma ocasião de encontro, um meio de sociabilização e organização. Socialistas se encontravam em clubes como o Blue Post, na Newman Street, onde Leo Frankel podia ser visto conversando com sindicalistas ingleses, ou o Rose Street Club, ou a Marylebone Radical Association, cuja "Saudação aos heróis e mártires da Comuna", de 1879, representou o vértice que uniu, ou "federou", os vários outros clubes já existentes. Antes, durante o auge da Comuna, em abril de 1871, por volta de 7 mil trabalhadores londrinos realizaram uma potente demonstração de solidariedade a seus camaradas parisienses quando, debaixo de um clima atroz e com cartazes nos quais se lia "Viva a Comuna" e "Longa vida à República Universal!", marcharam, ao som de uma banda de metais, desde Clerkenwell Green até o Hyde Park – o evento foi chamado por uma angustiada imprensa burguesa de "a nossa própria Belleville". A mensagem que enviaram aos comunardos, a qual curiosamente enfatizava a questão da apropriação de terras no contexto de um internacionalismo generalizado, os cumprimentava em nome da República Universal:

> Saudamos a sua proclamação da Comuna, ou governo autogerido local [...]. Aprovamos o seu projeto de liquidação da indenização de guerra pela venda de palácios e de apropriação das terras da Coroa para fins nacionais; e só nos resta lamentar que os nossos concidadãos não sejam ainda suficientemente educados para imitar o seu nobre exemplo [...]. Nós, o povo de Londres, entendemos que a sua luta é pela liberdade do mundo e pela regeneração da espécie humana e, portanto, exprimimos a nossa profunda admiração [...] e lhes estendemos a nossa honesta e desinteressada mão em amizade e companheirismo.[191]

Para William Morris, a Comuna – e o primeiro aniversário de morte de Karl Marx – ocasionou a sua primeira participação em uma procissão pública similar pelas ruas de Londres, junto a mais 2 ou 3 mil pessoas, em março de 1884. "Eu marchei todo o percurso desde a Tottenham Court Road até o Cemitério de

---

[191] Apud Harrison, Royden (org.). *The English Defence of the Commune*. Londres: Merlin Press, 1971, p. 153-155.

Highgate sob inúmeras bandeiras (com uma fita vermelha em minha lapela) e ao som de uma péssima banda para honrar a memória de Karl Marx *e* da Comuna.[192] Em março seguinte, quando Morris deu início ao que se tornariam discursos anuais no aniversário da Comuna (a maioria deles perdida), esta deixara de representar apenas uma ocasião e passara a ser, como ele diz num dos discursos, um dever: o dever recorrente de todos os socialistas de comemorar "de modo entusiástico e inteligente" contra o "torpe golfo de mentiras, ocultações hipócritas e falsas deduções aos quais se dá o nome de história burguesa.[193] É característico de Morris a criação de uma indissociabilidade entre prazer e comemoração, de um lado, e dever, de outro. A Comuna como exemplo, como ocasião de comemoração e como dever: associados, esses três elementos possibilitam uma aproximação adequada à noção de solidariedade como era percebida então – um conjunto de práticas que excedem as condições, motivações e razões de um evento e que nascem da e definem a experiência política enquanto tal. Para além disso, há uma decisão astuta na comemoração (em vez de, digamos, rememoração ou solenização) de um evento tão aberto e vulnerável às mentiras torpes da história burguesa, ou à "sabedoria" do observador/teórico simpático mas temporalmente distante do fato. "Ao comemorar [...], o indivíduo não se sente propenso a falar dos erros táticos, ou a considerar suas palavras e feitos desde uma posição de 'pessoa superior'." O que se estava comemorando propriamente era o "primeiro ataque consciente à dominação de classe [...], o direito do povo de controlar a própria

---

[192] *Apud* Thompson, E. P. *William Morris: Romantic to Revolutionary*. Oakland: PM Press, 2011, p. 314, grifo do autor.

[193] Morris, William. "Why We Celebrate the Commune of Paris". *Commonweal*, 19 mar. 1887, p. 89.

vida, de administrar a terra em que trabalhava e os meios de trabalho pelos quais viviam."[194] O camarada Morris, como diz um artigo que reporta os diversos discursos da celebração londrina de 1888, "se recusava a chamar a Comuna de fracasso".[195]

O longo poema de Morris, "Pilgrims of Hope", cujas ações se desenrolam em grande parte nas ruas de Paris durante as lutas do fim da Comuna, foi publicado em formato serial no jornal que ele começou a editar em 1885, *Commonweal*. O conteúdo do poema não era de modo nenhum anômalo às páginas do jornal britânico – de fato, as referências ao evento de quinze anos atrás permeavam constantemente os segmentos do jornal: relatos pessoais dos dias finais de luta; uma ilustração, *Vive la Commune*, feita pelo artista decorativo e primeiro presidente da Sociedade de Exposição de Artes e Ofícios, Walter Crane, para ser vendida com o fim de ajudar a financiar as celebrações; uma resenha feita por Eleanor Marx Aveling da tradução inglesa de *Histoire de la Commune de Paris de* 1871 [História da Comuna de Paris de 1871], de Lissagaray; um artigo sobre a Comuna de autoria de Edouard Vaillant, que editara o *Journal Officiel* e fora membro do Comitê de Educação da Comuna e desde então se alinhara a Marx; artigos de Paul Lafargue sobre a polícia parisiense; traduções da poesia de Eugène Pottier por Laura Lafargue. Na coluna "Registro do movimento revolucionário internacional", de Eleanor Marx Aveling, os leitores foram informados do funeral da mãe de Louise Michel em Paris – velada por milhares de pessoas, mas não pela filha, proibida pelo governo de comparecer ao enterro – e dos ataques recorrentes da polícia aos escritórios do *Le Cri du peuple* [O grito do povo]. A edição de março de cada ano era dominada por anúncios e

---

194 Morris, William. "Editorial". *Commonweal*, 17 mar. 1888.

195 *Ibidem*.

reportagens sobre as "comemorações" em Dundee, Edimburgo, Dublin, Norwich, Birmingham, Nottingham, Londres e alhures. Em Nottingham, por exemplo, em março de 1885, a celebração consistiu em um chá da tarde, um "entretenimento" não especificado, discursos em francês e em inglês, e um baile que se estendeu até uma da manhã. No mesmo ano, em Dublin, a comemoração contou com a participação de ingleses, galeses, escoceses, irlandeses, franceses, dinamarqueses, russos e estadunidenses, e um telegrama enviado por camaradas de Londres foi lido em voz alta e aplaudido. Na celebração de 1886 em Londres, o esforço consciente e orquestrado em dar continuidade e em construir uma conjuntura internacionalista é percebido pela leitura em voz alta de uma resolução em apoio à Comuna primeiro em inglês, depois em francês, alemão e italiano. O elã internacionalista pode ser detectado não só na consideração às origens plurilinguísticas dos presentes, mas também na tentativa dos oradores de criar um quadro *comparativo* significativo que relacione a violência versalhesa à violência estatal recentemente cometida em Londres e na Irlanda, em especial depois do Domingo Sangrento,[196] na Trafalgar Square. Claramente, essas eram ocasiões em que o sectarismo, incipiente ou não, era posto de lado: particularmente nas celebrações londrinas, abarrotadas, uniam-se "socialistas de todos os espectros, opiniões e

[196] N. da E.: em 13 de novembro de 1887, manifestantes de diversas partes de Londres marcharam em direção a Trafalgar Square protestando contra o desemprego e a favor da libertação de William O'Brien, na Irlanda. O protesto, que ficou conhecido como Domingo Sangrento, foi marcado pela brutalidade da polícia metropolitana e um grande confronto, que deixou alguns manifestantes gravemente feridos, resultou em duas mortes e acarretou a prisão de diversos deles.

nacionalidades", e a anarquista Charlotte Wilson discursava na sequência de Eleanor Marx Aveling.[197]

Foi em uma dessas celebrações de março, ocorrida em South Place em 1886, que Morris conheceu Piotr Kropotkin. Kropotkin, que também se tornaria um palestrante regular nas celebrações anuais londrinas, já tinha uma longa e rica experiência com celebrações da Comuna e com a disputa em torno de sua memória. Sua primeira visita ao Ocidente fora a Genebra durante o primeiro aniversário da Comuna, em 1872, e lá ele testemunhara a chegada de comunardos refugiados – (estigmatizados em toda a Europa como ladrões e vândalos por causa da circular de Favre) que mais tarde se tornariam seus amigos e companheiros. (Favre, na tentativa de prevenir que recebessem a condição de refugiados políticos, declarou os comunardos culpados de crimes comuns: furto, pilhagem, roubo.) "Eles viviam luxuosamente com todo o dinheiro que haviam roubado? Não, eles estavam atrás de trabalho."[198] Emprisionado na Rússia quatro anos mais tarde, Kropotkin ficou extasiado ao ser transferido a uma nova prisão na qual podia tamborilar sobre a parede o dia todo sem que ninguém o repreendesse; nesse gesto ele encontrou uma forma de compartilhar a história da Comuna, do começo ao fim, com o jovem da cela vizinha. Foi preciso uma semana tamborilando para que a história estivesse completa.[199] Dois anos mais tarde, em 1878, tendo escapado da prisão, Kropotkin se encontrava em Paris na ocasião da primeira comemoração que os parisienses ousaram realizar. Ele observa em suas memórias que somen-

---

[197] *Commonweal*, 24 mar. 1888.

[198] "The Celebration of the Commune. *Commonweal*, 1º abr. 1886.

[199] Kropotkin, Peter. *Memoirs of a Revolutionist*. Boston: Houghton Mifflin, 1930, p. 364.

te duzentas pessoas compareceram – dois anos depois, após a anistia, milhares mais apareceriam.

O discurso de Kropotkin na celebração de Londres, proferido em francês, foi resumido na *Commonweal* da seguinte forma:

> A Comuna fez senão pouco, mas o pouco que fez foi suficiente para lançar uma grande ideia ao mundo; a ideia do governo das classes operárias por intermédio da Comuna, a ideia de que o Estado deveria se erguer de baixo para cima, e não emanar do alto [...], que nada havia na natureza que se assemelhasse ao direito à propriedade privada.[200]

Podemos questionar a precisão da tradução, que torna Kropotkin a favor de algum tipo de Estado, mesmo que "erguido de baixo para cima". Ou, talvez, um Estado que emane de baixo não possa ser considerado exatamente como Estado. Seria possível dar o nome de Estado ao governo dos trabalhadores "por intermédio da Comuna" se essa forma de governo implica necessariamente o desmantelamento do Estado? Esse era precisamente o problema que a Comuna de Paris acreditava ter definitivamente superado através de suas práticas políticas e de sua existência efetiva.[201] Ainda assim, a questão do tipo de

---

200 "The Celebration of the Commune, *op. cit.*, p. 31.

201 Essa parece ser a opinião de Engels, de acordo com uma carta de março de 1875 enviada a August Bebel. Para designar a forma política que tomaria a transição do capitalismo ao comunismo, ele propõe substituir a palavra "Estado" pela "excelente e antiga palavra do alemão *Gemeinwesen*", que ele vê como equivalente ao termo francês "*commune*". (*Gemeinschaft* seria traduzido como "*communauté*" e *Gemeinde*, como "municipalidade". Somente a palavra *Gemeinwesen* se aproxima do que o evento da Comuna dera à luz no presente: o Estado que não é

estrutura administrativa que teria a Comuna, ou melhor, que teria qualquer *federação de comunas* na transição a uma sociedade pós-revolucionária continuou a instigar os debates entre Kropotkin e outros refugiados políticos em Genebra durante os quatro anos que ele lá passou, de 1877 a 1881.

Suíça

Um número considerável de refugiados da Semana Sangrenta tomou asilo em Lausanne e Genebra, atraídos pela língua comum e pela reputação da Suíça de ser aberta a oferecer asilo político. Mas logo ficou claro a muitos membros daquele "conjunto de vagabundos socialistas, sem dinheiro nem bagagem",[202] que os suíços não se sentiam tão acolhedores em relação a eles quanto haviam se sentido em relação a refugiados do passado, geralmente burgueses, alguns ricos até, e republicanos que advogavam, quando muito, uma transformação puramente política (e nacional), sem efeitos para as relações sociais e sem quaisquer efeitos para a Suíça. Já o novo contingente era composto em sua maior parte por trabalhadores empobrecidos que competiam pelas poucas vagas existentes; e pior: defensores de uma revolução que atacara a propriedade privada e o próprio fundamento do capitalismo, uma revolução não delimitada por fronteiras nacionais e, assim, bastante capaz de acometer os interesses suíços. Como na França, na Suíça a palavra "Comuna"

---

propriamente um Estado, mas "o que existe em comum".)

[202] Lefrançais, Gustave. "Dix années de proscription en Suisse (1871-1880)". *In*: Lefrançais, Gustave; Arnould, Arthur. *Souvenirs de deux Communards refugiés à Genève* 1871-1873. Genebra: Edition Collège du Travail, 1987, p. 53.

provocava medo: se, durante os anos 1870, os insurgentes que morreram de causas naturais em território francês não puderam ter a palavra "Comuna" inscrita em suas tumbas, Gustave Lefrançais foi obrigado pelas autoridades genebrinas a remover o título *La Commune* do periódico que começava a editar e deixar somente o subtítulo, mais sutil, *Revue Socialiste* [Crítica socialista]. Napoléon Gaillard abriu em Carouge o Buvette de la Commune [Taverna na Comuna], um café que também fazias as vezes de galeria arte, na qual eram exibidas pinturas e desenhos relacionados à Comuna, muitos dos quais, como *Les dernier jours de la Commune* [Os últimos dias da Comuna], de autoria de seu filho. Quando artigos horrorizados sobre o café começaram a surgir na imprensa francesa, Gaillard, para abrandar a hostilidade suíça contra a enorme bandeira vermelha hasteada na entrada do estabelecimento, costurou uma pequena cruz federal branca à flâmula. Isso não ajudou os negócios e logo o café foi fechado, e Gaillard retomou o ofício de sapateiro, abrindo uma loja no fim da mesma rua. Em um perfil jornalístico de 1880, descrevem-se em detalhes várias excentricidades pelas quais Gaillard se tornara conhecido em Genebra, incluindo sua bela cama, decorada com entalhes das cabeças de Marat e Danton. Conhecido por seu barrete frígio nos tempos em que era um orador popular nos clubes e nos grupos dos últimos anos do Império, agora chamava a atenção por não usar nenhum adereço na cabeça, mesmo no frio, assim como seu filho. Enquanto alguns observadores concluíram que os dois viviam a perder seus chapéus para o Ródano nas pontes ventosas de Genebra, Gaillard sustentava que ambos tinham feito uma promessa: andar com a cabeça descoberta até o dia em que houvesse um acerto de contas com a Comuna. Na vitrine de sua sapataria,

> pode-se ver, próximo ao mais pomposo e incomum par de sapatos, uma brochura sobre o sapato racional aperfeiçoado, assim assinada: *Gaillard père, artiste chaussurier.* [Gaillard pai, artista sapateiro]. E ele de fato é um artista, alguém que prefere cruzar os braços a fazer um sapato que vá contra seus princípios. Se quisesse, poderia ter feito muito dinheiro em Genebra, mas, por sistematicamente desprezar o gosto pessoal dos clientes e forçá-los a usar sapatos que seguiam seus próprios princípios, ele acabava perdendo...[203]

A comodidade da língua francesa era contrabalanceada, no caso de muitos refugiados, pelo fato de que Genebra era extremamente limitada comercial e industrialmente para absorver os trabalhadores estrangeiros. Jean-Louis Pindy, que todos acreditavam que estivesse morto, demonstrou incrível destreza e versatilidade diante das circunstâncias delicadas. Ele conseguira se manter escondido em Paris durante um ano; os versalheses atiraram em pelo menos três homens, em diferentes partes da cidade, tendo-os confundido com Pindy. Em Lausanne, casou-se com a jovem e corajosa costureira que o havia abrigado e facilitado sua fuga. Durante o ano de esconderijo, ele, de carpinteiro, transformara-se também em joalheiro e especialista em trabalhos intrincados. Entretanto, como em Lausanne não

---

[203] L'Homme-sans-masque, "Profils de l'exil". *L'Estafette*, 14 jul. 1880. O autor anônimo deste retrato de Gaillard não parece compartilhar a alta estima deste pelo talento artístico de Gaillard filho: "Seu filho, que faz rascunhos a carvão, ilustrações e pintura a óleo, é um incompetente simplório que faz garranchos [*barbouilleur*] como tantos outros, o que não impede seu pai de anunciar em tom perfeitamente sério que ele será o próximo Rafael. Numa exposição na Sociedade de Belas-Artes de Genebra, ele exibiu um retrato de Rochefort que passou longe de agradar seu modelo".

havia necessidade por joalheiros, por certo tempo ele se sustentou como carpinteiro. Quando a demanda por esse trabalho se esgotou, o casal se mudou para Neuchâtel, onde Pindy desenvolveu-se, novamente com perícia, em outro ofício, o de *guillocheur*, ou ornamentador de relógios, "passando os dias ao lado do forno incandescente e, de noite, se devotando ao trabalho de propaganda".[204] Benoît Malon, na Suíça, ganhava a vida fazendo cestas. "Ele havia alugado por algumas moedas por mês um galpão pequeno e aberto, que ficava fora da cidade, ao pé de uma colina, de onde, enquanto trabalhava, admirava a vista ampla do lago de Neuchâtel. À noite, escrevia cartas, um livro sobre a Comuna, artigos curtos para os jornais operários, e assim se tornou escritor".[205] Arthur Arnould, que já era um escritor e à noite trabalhava em seus dois estudos sobre a Comuna, começou, ao lado da mulher, a vender galinhas no mercado; em carta a Jules Vallès, que estava na Inglaterra, Arnould diz que a vantagem desse trabalho em que, caso o negócio andasse mal, ele podia literalmente comê-lo. Gustave Lefrançais, que durante a estada na Suíça escreveu muitos dos trabalhos sobre a Comuna que citamos aqui, continuava preocupado, depois de meses no exílio, com Louis-Alfred Briosne, "seu velho companheiro dos dias de reuniões públicas", a quem havia perdido de vista nas batalhas de rua de maio e cujo destino era desconhecido:

> Pobre Briosne! O que aconteceu com ele na terrível e sangrenta luta? Eu não o vi mais depois das eleições de abril, quando ele cuspia coágulos de sangue. Terá morrido dessa doença assustadora ou das balas dos soldados? Por aqui, ninguém sabe mais do que eu, e não posso solicitar notícias de Paris por medo de atrair

---

[204] Kropotkin, Peter. *Memoirs of a Revolutionist*, *op. cit.*, p. 393.

[205] *Ibidem*, p. 284.

algum desfortúnio sobre ele, caso, por algum milagre, esteja vivo e tenha escapado de nossos inimigos comuns...[206]

A necessidade que todos esses refugiados parecem ter sentido de, em meio à luta para encontrar trabalho e sustento e para tentar ter a família consigo, narrar suas experiências pessoais e escrever análises do que ocorrera em Paris mostra uma consciência aguda sobre a batalha pela memória da Comuna, que começara a fervilhar já no fim da Semana Sangrenta. Em seu estudo sobre a pós-vida da Comuna de Paris na memória cultural estadunidense, Michelle Coghlan examina a propalada anedota de que o massacre dos comunardos foi transmitido no momento mesmo de seu acontecimento pela imprensa dos Estados Unidos, por exemplo. Centenas de jornais, além de revistas como a *Harper's Weekly*, todos decidiram abrir com uma matéria copiada palavra a palavra do *Le Figaro* de 3 de junho de 1871 sobre o "garoto que foi poupado". Um garoto comunardo, prestes a ser fuzilado, pede permissão ao oficial do exército para devolver um relógio a um amigo, prometendo voltar. A permissão é cedida, o garoto dispara e, dez minutos depois, retorna para sua posição perante o esquadrão de fuzilamento, com o rosto virado para a parede. O capitão, incapaz de ordenar o fuzilamento, manda o garoto ir embora. Coghlan argumenta que essa história cria para o público estadunidense uma "contramemória" das execuções sumárias e da carnificina dos dias finais da Comuna. Aquilo que Morris chamou de "um motim de sangue e crueldade por parte dos conquistadores o

[206] Lefrançais, Gustave. "Dix années de proscription en Suisse (1871-1880)", *op. cit.*, p. 67-68. Briosne sobreviveu à repressão versalhesa, porém morreu de tuberculose dois anos depois.

qual não tem paralelo em tempos modernos"[207] é apresentado na imprensa estadunidense como um conto de reconciliação e perdão, fabricado com ingredientes aprazíveis aos leitores, como o respeito do garoto à propriedade e a incapacidade do capitão de fuzilá-lo perante nobreza inata de seu gesto.[208] As memórias de Kropotkin revelam que a história do garoto era contada simultaneamente na Jura, de forma idêntica, exceto pelo fim: "Um quarto de hora depois, o garoto voltou e, tomando sua posição entre os cadáveres à parede, disse 'estou pronto'. Doze balas deram fim à sua jovem vida".[209] Ao ouvir tais relatos dos horrores cometidos pelo exército versalhês, Kropotkin é, segundo descreve, tomado pelo desespero:

> Era para eu reter esse desespero, se eu não tivesse, mais tarde, percebido nos derrotados que sobreviveram a esses horrores a ausência de ódio, a confiança no triunfo de suas ideias, aquele olhar calmo, porém triste, dirigido ao futuro, e a prontidão em esquecer o pesadelo do passado, ausência que se via em Malon e, em verdade, em quase todos os refugiados da Comuna que conheci em Genebra – e que ainda vejo em Louise Michel, Lefrançais, Elisée Reclus e outros amigos.[210]

A comovente declaração de Kropotkin ecoa, anos depois, na obra do novelista Lucien Descaves. Eu a cito aqui porque Des-

---

[207] Morris, William. "Why We Celebrate the Commune of Paris", *op. cit.*, p. 90.

[208] Cf. Coghlan, J. Michelle. *Revolution's Afterlife: The Paris Commune in American Cultural Memory*, 1871-1933. 2011. Tese (Doutorado) – Princeton University, Princeton, 2011, p. 34-37.

[209] Kropotkin, Peter. *Memoirs of a Revolutionist*, *op. cit.*, p. 285.

[210] *Ibidem*, p. 285.

caves se tornou amigo de Lefrançais e de muitos outros refugiados quando estes retornaram a Paris após a anistia. Ele escreveria a história de suas vidas na Suíça no romance *Philémon, vieux de la vieille* (que teria na capa uma ilustração do Buvette de la Commune feita por Gaillard filho):

> Solicitam-me com frequência e curiosidade, quando não surpresa, não que eu justifique, mas que explique a minha ligação com os homens que, de 18 de março a 28 de maio de 1871, participaram, de armas na mão, do movimento insurrecional batizado de Comuna [...]. Já disse que lhes ofereci minha defesa e "anistia", porque todos os que conheci, já em sua velhice, em sua espoliada velhice, eram pessoas honestas, sinceras, sem segundas intenções nem remorsos. Vim a ter a mesma opinião sobre os insurgentes fuzilados sumariamente, os mortos nas barricadas, os deportados e banidos cuja revolta, uma revolta desatrelada de inveja ou ambição pessoal, os levou a dez anos de exílio.[211]

Anarquismo comunista

Na comemoração da Comuna que teve lugar em Lausanne em março de 1876, deu-se uma discussão que se mostrou decisiva na questão da forma que deveria tomar o governo revolucionário. Os debatedores eram dois comunardos exilados, Elisée Reclus e o ancião Gustave Lefrançais. Lefrançais trabalhara como bagageiro nas ferrovias de Lausanne antes de, após alguns anos, se tornar secretário de Reclus e, assim, tomar parte na crescente rede de cartógrafos, informantes, tipógrafos e pesquisa-

---

[211] Descaves, Lucien. *Souvenirs d'un ours.* Paris: Les Editions de Paris, 1946, p 178.

dores geográficos reunidos por Reclus para trabalhar em sua enorme e volumosa *Nouvelle Géographie Universelle*. O tópico em questao era a natureza da sociedade pós-revolucionária ou, mais precisamente, a transição para tal sociedade. Lefrançais sustentava que certo grau de estrutura administrativa teria de ser imposta a fim de organizar e manter serviços públicos de larga escala tais qual transporte ou comunicação – fosse ao nível da comuna local ou, mais ainda, da federação de comunas. Reclus argumentava que a imposição de qualquer tipo de estrutura sobre uma sociedade em processo de emancipação representava uma contradição e se provaria, em essência, uma formação incipiente de um novo Estado. Ao passo que ambos concordavam que as comunas locais deveriam se federar, Reclus acreditava que a associação entre comunas deveria ser feita de livre escolha, e jamais imposta. (A propósito, a posição tomada pelos dois comunardos pode refletir os papéis que cada um desempenhou na insurreição. Reclus posteriormente descreveu sua função na Comuna como "oficialmente não existente", com ênfase em "oficialmente": simples membro da Guarda Nacional, ele não desempenhou nenhuma função eleita, atuando, de outra forma, entre "a multidão anônima de combatentes e derrotados".[212] Lefrançais, por outro lado, como membro eleito da Comuna, passou boa parte do tempo no Hôtel de Ville). Para nossos propósitos, o que interessa na polêmica é o delineamento incipiente de uma posição política que viria a ser chamada de "comunismo anarquista" e que seria desenvolvida e refinada coletivamente pelo grupo de militantes em Genebra

[212] *Apud* Caron, Jean-Claude. *La Revue blanche*, 1871*: Enquête sur la Commune* [1897]. Paris: Editions de l'Amateur, 2011, p. 78. "Na Comuna de Paris, ele simplesmente tomou para si um rifle e foi às fileiras." Kropotkin, Peter. *Memoirs of a Revolutionist*, *op. cit.*, p. 392.

– entre eles, Reclus, Kropotkin, Cafiero, Malatesta e Lefrançais –, no final dos anos 1870 e início dos 1880.

Na biografia que escreveu de Kropotkin, George Woodcock deixa claro que o comunismo anarquista, surgido na Suíça no final dos anos 1870, não foi outra coisa senão uma invenção coletiva, a qual ele atribui, em grande parte, "à chegada dos refugiados da Comuna de Paris na Suíça, muitos dos quais tinham sido membros dos vários grupos comunistas e utópicos durante e depois de 1848".[213] De fato, o termo "comunismo anarquista" foi usado pela primeira vez por François Dumartheray, um trabalhador francês e refugiado político devido aos eventos de 1871, porém, em seu caso, dos eventos de Lion e não de Paris. Nascido em uma das famílias de camponeses mais pobres de Savoy, precariamente educado, Dumartheray era, nas palavras de Kropotkin, "um dos melhores críticos da literatura socialista atual [...], imune ao uso gratuito de belas palavras ou a uma pretensa ciência".[214] Junto a outro amigo, e com o suporte financeiro de Reclus, Kropotkin e Dumartheray deram início ao jornal de maior circulação no Jura, o *Le Révolté*, que em muitos aspectos se assemelhava ao *Commonweal* de Morris. Kropotkin não havia ainda chegado à Suíça, entretanto, quando Dumartheray redigira o seu panfleto em apoio ao comunismo anarquista, *Aux travailleurs manuels, partisans de l'action politique* [Aos trabalhadores manuais, partidários da ação política]. Escrito em estilo direto, por vezes espirituoso, o panfleto encorajava os trabalhadores a se absterem de todas as eleições, partidos políticos ou participação em qualquer tipo de política parlamentar, pois "o que se provou em maio de 1871 foi que a

---

[213] Woodcock, George; Avakumovic, Ivan. *The Anarchist Prince*. Nova York: Schocken, 1971, p. 316.

[214] Kropotkin, Peter. *Memoirs of a Revolutionist*, *op. cit.*, p. 419.

sociedade é dividida em dois campos: barrigas cheias e barrigas vazias, os que roubam e os que são roubados". O panfleto reivindicava ainda a supressão do trabalho assalariado e que, no lugar, todos trabalhassem pelas necessidades de todos. "Enquanto houver propriedade privada e autoridade paterna, não haverá liberdade." A Comuna levou Dumartheray, como levara Marx, a concluir que era impossível colocar o maquinário já pronto do Estado a serviço de seu próprio desmantelamento: "Dizem que para suprimir o Estado é necessário ser parte dele, como se para suprimir a Igreja fosse necessário se tornar padre ou bispo".[215]

A principal distinção entre o comunismo anarquista adotado publicamente por Reclus, Kropotkin, entre outros, no Congresso de 1880 da Federação do Jura e o anarquismo "coletivista" associado a Proudhon e Bakunin estava em que o comunismo anarquista tinha na completa extinção do valor de troca o motor central do processo revolucionário. No anarquismo coletivista, uma economia de troca ainda opera dentro de uma rede de "coletividades" autogeridas, de propriedade dos trabalhadores, as quais deteriam a propriedade legal sobre os instrumentos e recursos da produção. Em outras palavras, o anarquismo coletivista manteria tanto o mercado como o dinheiro. Além disso – e este ponto representava a principal cisão entre os dois grupos –, o anarquismo coletivista manteria o sistema de salário por meio da distribuição de comida e outros bens de acordo com a contribuição laboral de cada indivíduo. O acesso aos frutos coletivos do trabalho seria proporcional à quantidade de trabalho realizado – em última análise, uma continuação do sistema salarial. O comunismo anarquista, em contraste, fazia do fim

[215] Dumartheray, François. *Aux travailleurs manuels, partisans de l'action politique*. Genebra: [s. n.], 1876.

imediato de toda compra e venda, isto é, da abolição do comércio, a própria substância de seu processo revolucionário. Uma vez realizadas todas as expropriações necessárias, seguir-se-ia uma distribuição imediata de bens a todos, mesmo àqueles que não haviam encontrado (e talvez nunca encontrassem) um trabalho atrativo. Qualquer ameaça de escassez estaria eliminada se a produção não fosse mais organizada em termos de troca e propriedade privada. A revolução transformaria a sociedade em termos não apenas políticos, através da organização de comunas espontaneamente federadas numa rede íntima, mas também de produção, troca e consumo: mais do que comunalista, passaria a ser, como diria Kropotkin, comunista.

Não é de admirar que tais ideias tenham sido bem recebidas por Morris, aquele mesmo que enxergava no mercado global um aparelho arcaico com a finalidade de produzir itens inúteis para os abastados e itens mal-acabados para o resto, e que em *Notícias de lugar nenhum* transformara comerciantes em amáveis crianças que se compraziam em doar todo tipo de coisa. Em Londres, Morris lançara um ataque similar ao coletivismo, na forma de uma resenha de *Looking Backward* [Olhando para trás], a utopia coletivista de Edward Bellamy. Em sua visão, o socialismo de Estado de Bellamy representava a tentativa impossível de purificar o profissionalismo corporativista da classe média de qualquer resíduo de desigualdade de classe e, feito isso, de abrangê-lo num paradigma de bem-estar geral, como se o profissionalismo corporativista da classe média, sua consciência e sua cultura não fossem produto daquela desigualdade de classes. O que a utopia gestada pelo Estado, imaginada por Bellamy e os anarquistas coletivistas, compartilhava era a noção da necessidade de um controle centralizado tanto sobre os recursos quanto sobre a distribuição de bens de consumo.

O desenvolvimento de algo chamado "comunismo anarquista" e os pensadores a ele associados – ainda que vagamente ou ainda que, em alguns casos, não tenham aderido ao rótulo específico – me interessam porque eles formam parte de uma mistura teórica altamente produtiva que ressoa nos tempos atuais. Os meandros e o drama da cisão Marx / Bakunin têm dominado a nossa percepção da política do período subsequente à Comuna e levaram a uma oposição não raro redutiva e superestimada – ainda hoje amargamente, exaustivamente ensaiada – entre um foco anarquista na dominação política e um foco marxista na exploração econômica. É interessante notar que Elisée Reclus, para tomarmos um exemplo, não demonstrou interesse algum na cisão Marx / Bakunin, apesar de ser próximo a Bakunin a ponto de ter discursado em seu funeral. Inclusive, Reclus foi o responsável pela publicação do curto ensaio de Bakunin sobre a Comuna logo após a morte deste. Seguindo a trilha de Reclus e deslocando o foco de nossa atenção dessa rivalidade, podemos começar a perceber o que as pessoas à margem dela, as quais, todas, viveram em primeira mão a pilhagem e a excessiva centralização do Estado burguês que triunfara em 1871, tinham em comum. Elas compartilhavam uma visão da vida humana que deixava pouco ou nenhum espaço para o Estado ou para a política de partido, para a nação ou para o mercado. Da Comuna, essas pessoas conservavam a ideia e a experiência de que a equidade permite, e não que impossibilita, a individualidade. Partilhavam também uma ausência de intenção em submeter a esperança ao determinismo econômico. Assim, meu interesse não está em refinar argumentos teóricos, ou corrigir erros teóricos. O período pós-Comuna, como acredito ser o nosso próprio, foi de pouca pureza teórica. E William Morris não estava sozinho em seu pensamento de que a obsessão com tal pureza representa frequentemente um obstáculo à tarefa de criar socialistas.

Considere o seguinte arranjo de tentativas de autodefinição política pelas pessoas que nos concernirão neste capítulo e no próximo – o contemporâneo George Bernard Shaw se referiu a elas como "um bando muito embaralhado".[216] Marx, que algumas vezes classificou a si mesmo como "não marxista", foi, em seus escritos sobre a Comuna, anarquista ou comunalista, como muitos já assinalaram. A batalha contra o que, em um dos esboços de *A guerra civil na França*, ele chamou de "o maquinário do Estado centralizado, o qual, com suas onipresentes e complexas forças armadas, seus órgãos burocráticos, clericais e legais, implica (enreda) a sociedade civil como uma jiboia constritora", é, para Marx, a luta esgotante e a conquista de 1871.[217] A Comuna reavivou e reforçou a sua crítica ao Estado a ponto de ele se sentir impelido a revisar o prefácio ao *Manifesto comunista* para conjurar contra as "medidas revolucionárias" que, na versão de 1848, dependiam da "centralização [...] nas mãos do Estado":

> Tendo em vista o conhecimento prático adquirido durante os dois meses de existência da Comuna de Paris, quando o proletariado exerceu o poder pela primeira vez [...], o programa se tornou, em certa medida, antiquado. Antes de tudo, a Comuna de Paris nos ensinou que "a classe trabalhadora não pode apos-

[216] Shaw, George Bernard. "Morris As I Knew Him". *In*: Morris, May (org.). *William Morris: Artist, Writer, Socialist*. v. 2. Nova York: Russel and Russel, 1966, p. xi.

[217] Marx, Karl. "The First Draft". *In*: Marx, Karl; Engels, Friedrich. *Writings on the Paris Commune*. Nova York: Monthly Review, 1971, p. 148.

> sar-se simplesmente da maquinaria de Estado já pronta e fazê-la funcionar para os seus próprios objetivos".[218]

William Morris, que, segundo George Bernard Shaw, estava "ao lado de Karl Marx *contra mundum*",[219] passou, em dado momento, a abandonar o termo "socialista" em favor do termo "comunista": "Começarei dizendo que considero a mim mesmo Comunista, e não tenho desejo algum de qualificar essa palavra juntando-a a qualquer outra".[220] "Ele sabia", escreve Shaw sobre Morris, "que o termo essencial, etimologicamente, historicamente, artisticamente, era Comunista; e era a única palavra com a qual se sentia à vontade".[221] Ainda assim, o tipo heterodoxo de comunismo de Morris implicou que mantivesse relações extremamente próximas com os anarquistas. Não é claro o grau de contato e de discussão que ele manteve com Elisée Reclus, mas os dois se encontraram ao menos uma vez; May Morris registra a presença do geógrafo, acompanhado de Kropotkin, em uma das cinco ou seis apresentações da peça socialista de Morris *The Tables Turned or Nupkins Awakened* [As mesas viraram ou Nupkins despertou], em setembro de 1887: "o grande geógrafo se deliciava com a bonomia e a simplicidade dos modos de meu pai".[222] O que é certo é que Morris contava com Kropotkin

---

218 Marx, Karl. "Prefácio à edição alemã de 1872". *In*: Ryazanoff, D. (org.). *The Communist Manifesto*. Nova York: Russell and Russell, 1963, p. 260.

219 Shaw, George Bernard. "Morris As I Knew Him", *op. cit.*, p. ix.

220 Morris, William. "Socialism and Anarchism". *In*: Morris, May (org.). *William Morris*, *op. cit.*, p. 313.

221 Shaw, George Bernard. "Morris As I Knew Him", *op. cit.*, p. ix.

222 Morris, May. "Introdução a William Morris". *In*: *The Complete Works of William Morris*. v. xx. Londres: Longmans, 1913, p. xxx.

entre seus amigos e camaradas mais queridos depois que este escolhera se exilar em Londres, a partir de 1886. Mais uma vez, Shaw estabelece uma boa aproximação ao efeito que as relações com Kropotkin e com outros anarquistas pode ter tido no tipo especial de comunismo libertário que Morris desenvolveria: "ainda que não admitisse o Anarquismo em nenhum termo, [ele] estava genuinamente ansioso para descobrir uma forma de reconciliar o apetite por liberdade do Anarquismo com o lado positivo do Comunismo".[223] Morris talvez não admitisse em absoluto o anarquismo, mas Kropotkin, por exemplo, considerou o romance *Notícias de lugar nenhum* a "mais completa e profunda concepção anarquista de sociedade futura jamais escrita".[224] Quanto a Reclus, a sua experiência da Comuna foi, como mencionei antes, impactante o suficiente para transformar um socialista republicano em um anarquista autoproclamado. Foi na comemoração da Comuna em Lausanne em 1876 que Reclus abraçou publicamente pela primeira vez o rótulo que futuramente se transformaria no termo que ele, Kropotkin e outros adotariam após 1880: "comunista anarquista". Mas é crucial lembrarmos que, fosse como anarquistas ou como "comunistas anarquistas", nem Kropotkin, nem Reclus jamais deixaram de assinalar a verdadeira hegemonia do poder econômico. Na hierarquia dos fatores que contribuíram para construir a infâmia que é a civilização moderna, Reclus – um dos mais articulados oponentes do nacionalismo em seu tempo, e um contumaz negador da participação em qualquer forma de política parlamentar – sempre ranqueou o capitalismo no topo: "o poder de reis e imperadores tem limites, mas o da riqueza, não.

223 Shaw, George Bernard. "Morris as I Knew Him", *op. cit.*, p. xvi.

224 Kropotkin, Peter. *Freedom,* 10 nov. 1896, p. 109-110.

O dólar é o mestre dos mestres".[225] É realmente difícil distinguir a convicção de Reclus no peso fundamentalmente determinante da economia da de seus contemporâneos que se situavam "ao lado de Marx *contra mundum*": "Um fato primordial se sobressai em toda a civilização moderna: o de que a propriedade de uma única pessoa pode aumentar indefinidamente, e mesmo, em virtude de um consentimento quase universal, abranger o mundo inteiro".[226]

A tentativa mais cativante e sutil de autodefinição política talvez seja a de Gustave Lefrançais, descrito pelo sobrinho de Reclus como alguém cujas ideias eram muito próximas às do tio, embora Lefrançais sempre tenha negado ser anarquista. Kropotkin conta como Lefrançais caracterizava as próprias inclinações políticas: "'Perdoem-me, mas eu sou um comunalista, não um anarquista', ele diria. 'Não posso trabalhar com tolos como vocês'; e, no entanto, não trabalhava senão conosco, 'porque vocês, seus tolos', justificava, 'continuam sendo os homens que mais amo. Com vocês é possível trabalhar e permanecer o mesmo'".[227]

Shaw sem dúvida está correto num sentido quando diz sobre si, Morris e seus camaradas políticos que "não havíamos nos decidido".[228] Em outro sentido, entretanto, o que parece ser uma confusão teórica pode muito bem ter sido uma estratégia política astuta e bem pensada. Uma posição estratégica fundamentada no não alinhamento, a qual implique o não comprometimento servil ao anarquismo nem ao marxismo, a qual

---

225 Reclus, Elisée. *L'Homme et la terre*. tomo 3 [1931]. Antony: Editions TOPS; H. Trinquier, 2007, p. 531.

226 *Ibidem*.

227 Kropotkin, Peter. *Memoirs of a Revolutionist*, *op.cit.*, p. 393.

228 Shaw, George Bernard. "Morris As I Knew Him", *op. cit.*, p. xi.

implique a associação em detrimento do sectarismo, talvez mereça ser reexaminada nos dias atuais – e há muitos indícios de que esse tem sido o caso.

O que efetiva a união e a polinização cruzada entre pensadores como Morris, Marx, Reclus, Kropotkin e outros subsequentes à Comuna, independentemente do rótulo político que cada um assumiu, é uma visão de transformação social que se baseia na federação absolutamente voluntária de associações que se dão em um nível local. Nesse sentido, podemos falar do desenvolvimento – na esteira da libertação da Comuna de Paris do poder e da autoridade do Estado – de uma nova visão de revolução fundamentada na autonomia comunal e na franca federação ou associação de tais unidades autônomas. Kropotkin escreve que, após 1871, trabalhadores das diversas nações compreenderam que "a livre comuna poderia ser, a partir de então, o meio pelo qual as ideias de socialismo moderno se realizariam".[229] O que a comuna como meio político e social oferecia, e que a fábrica não oferecia, era um escopo social mais amplo, que incluía mulheres, crianças, o campesinato, os idosos, os desempregados. Um campo que compreendia não apenas o domínio da produção, mas da produção e do consumo ao mesmo tempo. Diferentes ênfases podem ser detectadas em diferentes pensadores, mas, para cada um e todos eles, o que a livre comuna implica é a dissolução do capital, do Estado e da nação: "a abolição da propriedade privada, o comunismo; e a abolição do Estado e sua substituição pela livre comuna e pela união internacional dos trabalhadores".[230] Morris escre-

---

[229] Kropotkin, Peter. *The Conquest of Bread and Other Writings*. Cambridge: Cambridge University Press, 1995, p. 8.

[230] Kropotkin, Peter. *Words of a Rebel*. Montreal: Black Rose Books, 1992, p. 20.

ve em 1888: "Nações, como entidades políticas, cessariam de existir; civilização significaria a federação de uma variedade de comunidades, grandes e pequenas...".[231] Francamente federadas em uma rede profunda, "livres e prósperas em solidariedade graças à sua liberdade",[232] as comunas independentes eram, a um só tempo, o contexto e o conteúdo do processo revolucionário; elas configuravam uma paisagem, ou uma cronotopia, simultaneamente conceitual e vivida: "as comunas por si só [...] podem nos dar o contexto necessário para uma revolução e os meios para realizá-la".[233] Elas ofereciam uma "unidade de administração" que era pequena, local e autossuficiente o bastante para, na opinião de Morris, administrar diretamente seus interesses: "O único caminho para evitar a tirania e o desperdício burocráticos é a Federação de Comunidades Independentes".[234] Este último ponto era a principal preocupação de Morris, isto é, que a escala da vida fosse tal que permitisse "sentir prazer em todas as minúcias da vida".[235] "Todo cidadão", escreve ele, "[deveria] se sentir responsável pelas minúcias da vida e se entusiasmar com elas"; a ênfase não era na pequenez em si, mas na escala apropriada que proporcionasse que a

---

231 Morris, William. [Carta ao reverendo George Bainton], 10 abr. 1888. *In*: Henderson, Philip (org.). *Letter to His Family and Friends*. Londres: Longmans, 1950, p. 287.

232 Kropotkin, Peter. *Words of a Rebel*, *op. cit.*, p. 88.

233 *Ibidem*, p. 81.

234 Morris, William. "The Dawn of a New Epoch". *In*: Morris, William. *The Collected Works of William Morris*. v. XXIII. Cambridge: Cambridge University Press, 2012, p. 139.

235 Morris, William. "The Society of the Future". *In*: Morris, May (org.). *William Morris: Artist, Writer, Socialist*. Nova York: Russel and Russel, 1966, p. 459.

burocracia desse lugar à participação total.[236] O significado de "participação total" neste contexto ecoa as palavras do único "programa" oficial da Comuna, a *Déclaration au peuple français* [Declaração ao povo francês], de 19 de abril: "A intervenção permanente dos cidadãos nos interesses Comunais através da livre manifestação de suas ideias e da livre defesa de seus interesses".[237] Pois, para Morris, eram o interesse e a responsabilidade permanentes pelos detalhes materiais da vida cotidiana – o trabalho, os instrumentos e os processos – que constituíam a felicidade. Reconstruir a sociedade pelo modelo da comuna significa redescobrir que o "verdadeiro segredo da felicidade jaz em tomar interesse por todas as minúcias da vida cotidiana, em elevá-las pela arte, em vez de abdicar delas e relegar sua execução a trabalhos desvalorizados".[238]

O espetáculo do Estado excessivamente centralizado, novamente triunfante na sequência da Comuna, sem dúvida contribuiu consideravelmente para que as visões de uma democracia descentralizada e comunalista se disseminassem copiosamente entre os socialistas da Europa nos anos 1870 e 1880. Consideremos três ensaios especulativos, todos eles variações do tema

---

236 Morris, William. "Looking Backward: A Review of Edward Bellamy". *In*: Morris, William. *News from Nowhere and Other Writings*. Londres: Penguin, 1993, p. 358. "As pessoas administrariam seus próprios interesses em comunidades que não fossem muito grandes, pois, dessa forma, os cidadãos não estariam obrigados a atuar no aparato administrativo necessário à condução da vida". Morris, William. "Statement of Principles". *Commonweal*, 4 maio 1889, p. 137.

237 *Apud* Edwards, Stewart (org.). *The Communards of Paris, 1871*. Ithaca: Cornell University Press, 1973, p. 82.

238 Morris, William. "The Aims of Art". *In*: Morris, William. *Sings of Change*. Londres: Longmans, 1903, p. 137.

descentralização – o termo que Morris considerava ser "quase o lema da Comuna"[239] –, escritos em Londres no final da década de 1880, com meses de diferença entre si: "The Morrow of the Revolution" [O amanhã da revolução], de Paul Lafargue, que Morris publicou no *Commonweal* em julho de 1887; "The Industrial Village of the Future" [A aldeia industrial do futuro], de 1888, de Kropotkin; e a palestra "The Society of the Future" [A sociedade do futuro], de 1888, de Morris. Para Lafargue, a realização de uma revolução que não seja meramente política, mas também econômica em natureza depende de que um movimento revolucionário descentralizado irrompa não só em Paris, como em "todos os centros industriais" – era como se ele estivesse fazendo um exercício de imaginação no qual as breves comunas de 1871 em Marselha, Lion e outros lugares houvessem resistido e prosperado. Lafargue não faz menção ao campo propriamente dito ou ao campesinato; em sua proposição, cada "centro industrial", tendo constituído um governo revolucionário local próprio, se federalizaria: organizaria o encontro de delegados com os delegados equivalentes de outros centros.

Morris visualiza igualmente a quebra dos grandes distritos manufatureiros. Depois disso, uma vez que a natureza comece a se curar das feridas causadas por uma civilização capitalista predatória, "algumas vilas campestres ao lado do Tâmisa podem redefinir aquele absurdo elefante branco a que chamam de Londres".[240] Morris parte do indivíduo materializado e seus prazeres e atém-se a esse princípio. O socialismo é, simplesmente, a chave para a felicidade. De modo semelhante, para Lafargue, a revolução deve *começar* por proporcionar "meses

---

239 Bax, Ernest Belfort; Morris, William. "Socialism from the Root Up". *Commonweal*, 2 out. 1886, p. 210.

240 Morris, William. "The Society of the Future", *op. cit.*, p. 461-462.

de conforto aos trabalhadores".[241] Moradia, vestimenta e, acima de tudo, comida devem ser imediatamente expropriados dos capitalistas e instantaneamente disponibilizados, em abundância, aos trabalhadores (Lafargue relembra as refeições coletivas feitas nas ruas durante a Comuna). Para Morris, "uma vida animal livre e sem restrições" fundamentada na eliminação de qualquer ascetismo extinguiria, consequentemente, o cúmplice inextricável do ascetismo, o luxo, e conduziria a uma "vida simples e natural" para todos, sem desperdício, mas também sem privação. Atividades físicas como natação e equitação estão no topo dos elementos que compõem a espinha dorsal de uma nova educação, assim como a carpintaria, o arado e a culinária – muito acima da leitura e da escrita, mas não acima "da arte que não se ensina em nenhuma escola ou universidade atual, a arte de pensar".

Enquanto Lafargue e Morris imediatamente se lançam a esmiuçar os pormenores sensitivos de uma vida cotidiana transformada, Kropotkin consegue ser ao mesmo tempo mais abstrato e mais empírico em sua abordagem. Embasado em uma enormidade de dados acerca da Inglaterra, da França e da Rússia contemporâneas, assim como de outros lugares, ele considera o campo e o empobrecimento dos trabalhadores urbanos no novo sistema fabril o principal problema a ser vencido na sociedade do futuro. Enquanto as primeiras preocupações de Lafargue são a descentralização política e o poder (jacobino) do capital, Kropotkin, como Morris, quer acima de tudo a descentralização da indústria. A questão que se impõe é: como combinar, ou recombinar, indústria e agricultura da melhor maneira possível? Para esse problema – o grande problema oi-

---

241 Lafargue, Paul. "The Morrow of Revolution, part 1". *Commonweal*, 9 jul. 1887, p. 220.

tocentista da divisão cidade / campo –, Kropotkin oferece uma resposta interessante: vamos olhar com atenção para a resiliência dos *petits métiers*. De especial interesse, são aqueles ofícios que operam entre situações rurais e urbanas, e que, mais do que isso, intercalam ambas as temporalidades. Ainda na Rússia, Kropotkin já havia demonstrado profundo interesse nos trabalhadores itinerantes, sazonais, cuja configuração do trabalho os fazia transitar frequentemente entre o campo e a cidade:

> Meu interesse foi atraído especialmente aos tecelões e aos trabalhadores das fábricas de algodão. Há milhares deles em São Petersburgo, que lá trabalham durante o inverno e voltam a suas vilas nativas para cultivar a terra nos três meses de verão. Metade camponeses, metade trabalhadores urbanos, eles geralmente retêm o espírito do vilarejo russo [...]. A maior parte vivia em pequenas associações, ou *artels*, dez ou doze pessoas que alugavam um apartamento comunitário e realizavam suas refeições juntas, e cada uma pagava sua parte das despesas gerais a cada mês.[242]

Através do exame minucioso de indústrias de pequena escala, pequenos comércios, indústrias rurais, manufaturas domésticas e trabalhadores sazonais cuja trajetória acarretava viver em dois mundos diferentes ao mesmo tempo, Kropotkin evidencia tanto as energias residuais quanto o potencial criativo manifesto das economias de pequena escala. Tais práticas, ele insiste, não são obsoletas. Na verdade, só são obsoletas se consideradas do ponto de vista, ou da sensibilidade, que Morris atribuiu a Edward Bellamy, a saber, "toscamente moderno [...], a-histórico e não artístico [...], perfeitamente satisfeito com a civiliza-

[242] Kropotkin, Peter. *Memoirs of a Revolutionist*, *op. cit.*, p. 326.

ção moderna".[243] A superação da divisão do trabalho que priva o trabalhador fabril de conectar-se com a terra depende, em última instância, da transformação das práticas educacionais no curso das linhas de educação "integral" advogadas nos círculos operários e parcialmente postas em prática, como discutimos no segundo capítulo, durante a Comuna. Somente com isso, escreve Kropotkin, podemos ter a esperança de alcançar "uma sociedade composta de homens e mulheres capazes de trabalhar com suas mãos e igualmente com seu cérebro, e de fazê-lo em mais de uma direção".[244] A hiperespecialização era uma deficiência; uma pessoa deveria poder ser convocada a cumprir diferentes e sucessivas tarefas – uma ressonância da "vida variada" que Morris considerava um elemento tão central quanto a equidade em sua visão da vida após o capitalismo: "a variedade de vida é um objetivo do verdadeiro Comunismo na mesma medida que o é a igualdade de condições, e nada senão a união dos dois trará a liberdade real".[245] A educação integral, que serviria para superar a divisão entre conhecimento e prática, auxiliaria nessa formação – de fato, a nova criatividade necessária para o futuro é dependente da interação entre cabeça e mãos. O novo, para Kropotkin e Morris, só poderia ser modelado a partir de anacronismos encerrados no presente. Olhar com atenção para as energias do antiquado era um caminho para visualizar o futuro.

---

[243] Morris, William. "Looking Backward: A Review of Edward Bellamy", *op. cit.*, p. 354.

[244] Kropotkin, Peter. "The Industrial Village of the Future". *The Nineteenth Century*, v. 24, n. 140, out. 1880, p. 530.

[245] Morris, William. "Looking Backward: A Review of Edward Bellamy", *op. cit.*, p. 358.

Capítulo 5
Solidariedade

Apesar de frequentemente revisitarem formas e tradições comunistas e comunais antigas, e da atenção que concediam à existência de formas mais antigas em seu tempo presente, Morris, Reclus e Kropotkin ancoravam-se firmemente no presente e nas demandas do presente: tinham plena ciência do que separava seu momento de experimentos sociais anteriores. Eles não eram "comunalistas". Kropotkin, particularmente, fez um grande esforço para distinguir a sua visão da comuna como a forma revolucionária do futuro – "um fato absolutamente novo, surgido de condições inéditas e que inevitavelmente levará a consequências absolutamente diferentes"[246] – das comunas burguesas da Idade Média. Estas eram vistas por Kropotkin como vítimas de chauvinismos localistas que depois foram massacradas pelo Estado. Ele destacava três diferenças essenciais. Primeiro, a comuna do século XII se levantou contra a nobreza, enquanto o inimigo moderno é o Estado. Em segundo lugar, embora a comuna medieval tenha se posicionado contra os nobres, não o fez contra os mercadores burgueses que havia entre estes, os quais entesouravam a riqueza das cidades para si. A comuna moderna, por sua vez, teria como prioridade as mudanças revolucionárias na produção e no consumo – seria, como Kropotkin insistia, comunista, e não comunalista. Mas a diferença que mais lhe aguçava a imaginação, assim como a de

246 Kropotkin, Peter. "The Commune". *In Words of a Rebel*. Montreal: Black Rose Books, 1992, p. 81.

Morris e de Reclus, tinha a ver com o que podemos chamar de isolamento, ou autarquia, da comuna medieval: um isolamento relativamente bem-sucedido em certos aspectos, mas que não deixava de ser uma vida erguida sobre e entre muralhas, baseada, assim, numa separação clara e frequentemente hostil, demarcada por fronteiras. A comuna moderna era, por definição, contra tal isolamento. Conduzida pelo imaginário da Comuna de Paris, ela busca, nas palavras de Kropotkin, "se alargar, se universalizar [...]. No lugar dos privilégios comunais, ela situou a solidariedade humana".[247]

Foi quanto a este ponto, o perigo do isolamento, que Kropotkin e Reclus atingiram a maior concordância. Ambos julgavam que o avassalador problema enfrentado pela cidade medieval livre era idêntico ao problema que Marx identificou ao se debruçar sobre a comuna rural russa: a suscetibilidade à destruição como consequência do isolamento. O exato mesmo risco podia ser percebido nas tentativas atuais de criar "comunidades intencionais", e nisso Morris, Reclus e Kropotkin eram unânimes. Desse modo, o principal ponto de discordância de Morris com os anarquistas de Londres era a convicção destes de que uma vida isolada, rural e comunitária fundada sobre princípios igualitaristas constituía a panaceia. "Não se pode viver comunalmente", escreveu aos anarquistas em 1889, "até que a atual sociedade do capitalismo, ou do contrato, se extinga [...] e é porque eu *sei* que isso não acontecerá enquanto a propriedade privada existir que desejo a abolição desta e, por consequência, que sou Comunista".[248] Reclus e Kropotkin compartilhavam

---

247 *Ibidem*, p. 85.

248 Morris, William. "Communism and Anarchism". *In*: Morris, May (org.). *William Morris: Artist, Writer, Socialist*. v. 2. Nova York: Russel and Russel, 1966, p. 317-318. A mesma diferença de opiniões se

do ceticismo, e até da hostilidade, de Morris acerca da ideia de microssociedades intencionais, ou retiros anarquistas isolados. Em um par de ensaios, eloquentemente intitulados "Colônias anarquistas" (Reclus) e "As causas do fracasso de pequenas comunas comunistas" (Kropotkin), os dois anarquistas ressoaram as críticas um do outro ao desejo de se construir um mundo igualitário, fechado, autônomo, pelas mãos de homens seletos.

> Em meio a essa sociedade lamentável, tão bizarramente incoerente, será que conseguiremos juntar as boas pessoas em microssociedades separadas e criar os harmoniosos falanstérios que Fourier desejava? Será que saberemos conciliar a satisfação dos interesses individuais de todas essas pessoas com o interesse comum e acomodar suas paixões numa totalidade que seja, ao mesmo tempo, poderosa e pacífica, sem que um único membro da comunidade sofra com isso? Em resumo, será que os anarquistas criarão para si Icárias às margens do mundo burguês? [...] Eu penso que não, nem quero [...]. Em nosso plano de existência e de luta, não é um pequeno círculo de companheiros o que interessa. É o mundo todo.[249]

---

via entre os populistas russos da época: Tchernichevski apoiando a fundação de "comunidades" como o coletivo de costureiras de Vera Pavlovna (comunidades que eram ambientes tanto de produção quanto de vida coletiva) no coração da sociedade burguesa, enquanto Tkatchev dispensava tais esforços na ausência de uma mudança mais sistêmica. Cf. Aunoble, Eric. *"Le Communisme, tout de suite!": Le mouvement des communes en Ukraine Soviétique,* 1919-1920. Paris: Les Nuits Rouges, 2008, p. 57.

[249] Reclus, Elisée. "Les Colonies anarchistes". *Les Temps nouveaux*, 7 jul. 1900.

Entretanto, um exame mais detido dos escritos de Reclus sobre a questão da desejabilidade ou da efetividade de esforços de pequena escala para viver de modo diferente em meio às restrições do capitalismo real nos revela o que poderíamos chamar de uma persistente "ambivalência estratégica". A passagem acima foi retirada de um artigo publicado no jornal anarquista *Les Temps nouveaux*: ao se dirigir a companheiros anarquistas, Reclus desaconselha o isolamento comunalista e advoga uma luta mais sistêmica, de base ampla. Já quando debate com outros socialistas críticos da posição anarquista, como na resposta a seguir a um professor de Lausanne, Reclus pode ser bastante eloquente na defesa dos pequenos enclaves anarquistas:

> Na cidade de que falo, vivem inúmeros trabalhadores inteligentes e estudiosos que, acusados de revolucionários, podem se dizer sortudos de terem sido jogados numa prisão, onde passaram muitos anos. Ao voltarem à vida do lado de fora, depois de terem passado os anos de cativeiro estudando e debatendo temas sérios, novamente tiveram sorte quando encontraram um trabalho que pagava o suficiente para garantir a comida e o tempo livre necessários para darem continuidade a seu trabalho intelectual. A indústria é próspera naquela cidade; não só, é organizada de tal modo que permite ao trabalhador ser o senhor de sua oficina. A fábrica embrutecedora, com sua disciplina feroz e sua inapta divisão do trabalho, não tem lugar lá. Todas as condições desejáveis para conferir a esse grupo de amigos um alto valor estão presentes: inteligência, estudo, equilíbrio entre trabalho e lazer, liberdade individual. Vendo e ouvindo esses apóstolos, é impossí-

vel não compreender que um mundo novo está sendo preparado, conformado a um novo ideal![250]

Mesmo no curso de seu argumento contra as colônias anarquistas, Reclus aceita a possibilidade de formações temporárias de pequenos grupos de "respeito mútuo e total igualdade", grupos que surgissem pela contingência da luta – mais ou menos como a prisão no exemplo acima, cuja função foi unir os detentos em torno de um tipo de solidariedade vivida ao qual eles escolhem dar continuidade na vida do lado de fora. Em outras palavras, as necessidades decorrentes da luta podem forçar a criação de certos tipos de retiros ou de pequenas formações comunitárias. No entanto, Reclus ressalva que todas as tentativas formais de fundar sociedades isoladas falharam, em parte pela contaminação por instituições externas como a propriedade privada ou a subjugação das mulheres, instituições essas que penetram as colônias como "sementes ruins num trigal":

> Não há isolamento que fique impune: a árvore que se transplanta numa estufa corre o risco de perder a seiva. E humanos são mais sensíveis que plantas. A clausura representada pelos limites da colônia não pode senão constituir um perigo mortal. O indivíduo acostuma-se ao meio estreito e, do cidadão do mundo que um dia foi, regride gradualmente à dimensão exclusiva de um proprietário.

Ele conclui com um apelo retumbante a permanecer e lutar no mundo vasto e complexo: isolar-se é abandonar a batalha.

---

[250] *Apud* Reclus, Paul. *Les Frères Elie et Elisée Reclus*. Paris: Les Amis d'Elisée Reclus, 1964, p. 121.

A experiência pessoal de Reclus incluía experimentos com seu irmão, Elie, com o intuito de estabelecer diversas iniciativas de cooperação em Paris. Ao longo de vários anos, Elie, que durante a Comuna serviu brevemente como diretor da Biblioteca Nacional, dedicara muita energia para criar, com amigos, uma forma de cooperativa de crédito que servisse à criação de cooperativas operárias. Eles viram seus esforços se despedaçarem, porém, devido em parte à má administração financeira e em parte ao fascínio que os negócios e a possibilidade de altos lucros exerceram sobre certos membros da cooperativa. Esse fracasso foi a causa de uma frustração profunda e insistente em Elie. Elisée, por sua vez, desistira cedo das cooperativas, que via como uma distração das lutas mais cruciais contra o capitalismo e o Estado. "Jamais nos separaremos do mundo para criar uma pequena capela escondida na escuridão."[251] O problema com as cooperativas é, também, o do autoisolamento, ou autolimitação: murar-se num mundo cercado. Definindo-se por operações pequenas cujo conteúdo se esvai em sua própria marginalização, tais iniciativas correm o risco de se tornar forças estabilizantes da estrutura de poder dominante, cuja autoridade nunca é verdadeiramente desafiada por elas. Numa formulação vívida, indubitavelmente inspirada na desilusão do irmão de ver as cooperativas que ajudara a organizar se tornarem "meras boutiques",[252] Reclus descreve a experiência de alguém que se lança na tarefa de mudar o mundo, mas então rapidamente perde de vista a causa revolucionária "em toda a sua magnitude" e acaba com os horizontes, com a visão de mundo, e com as obrigações diárias de um dono de uma lojinha:

---

251 Reclus, Elisée. "Anarchy: By and Anarchist". *The Contemporary Review*, v. 45, jan.-jun. 1884, p. 637.

252 Reclus, Paul. *Les Frères Elie et Elisée Reclus*, *op. cit.*, p. 180.

> É fácil nos apegarmos ao "bom trabalho" e repelir as preocupações e os perigos que emergem da devoção à causa revolucionária em todo o seu escopo. Convencemos a nós mesmos que é especialmente importante realizar bem as empreitadas que envolvem a honra coletiva de muitos amigos, e gradualmente nos permitimos ser sugados pelas atividades minúsculas do negócio convencional. A pessoa que havia abraçado a tarefa de mudar o mundo se transformou em nada mais do que um mero merceeiro.[253]

No capítulo anterior, vimos que, ao pensarmos na Comuna de Paris nos termos das clássicas unidades de tragédia, corremos o risco de isolá-la de suas pós-vidas conceituais e políticas. Da mesma maneira, Reclus e outros rejeitaram a comuna utópica na medida em que ela carrega o risco de criar enclaves de isolamento dentro de uma sociedade exploradora mais ampla e que permanece inalterada. Kropotkin, usando diferentes exemplos, chega a muitas das mesmas conclusões de Reclus a respeito das pequenas "comunidades intencionais"; após fazer o levantamento de todas as tentativas prévias de fundar comunas comunistas, ele as decreta fracassos inequívocos. Em sua visão, o fracasso pode ser atribuído a três fatores: um entusiasmo quase religioso que caracteriza suas fundações; uma estrutura demasiado íntima moldada na família; e o isolamento em relação aos centros intelectuais, ao contato com a sociedade e à influência das artes e da ciência. Kropotkin pensava que, se várias comunas se federassem, diversos dos problemas gerados pelo isolamento forçado e pela restrição da intimidade a poucas pessoas seriam resolvidos, assim como se dissiparia o risco sem-

---

[253] Reclus, Elisée. "Evolution, Revolution and the Anarchist Ideal". *In*: Clark, John; Martin, Camille (orgs.). *Anarchy, Geography, Modernity*. Lanham: Lexington Books, 2004, p. 168.

pre presente de dominação autoritária pelas figuras fundantes. Quando burgueses dizem a anarquistas que lhes cederão uma ilha para que fundem lá longe uma sociedade comunista, os anarquistas deveriam responder que sim, aconselha ele, mas queremos a Ilha de França; queremos, em outras palavras, a revolução social em larga escala. A Comuna de Paris é novamente evocada por Kropotkin como um exemplo de revolução em escala apropriada: "Paris em 1871 não estava muito longe disso [...] e as ideias progrediram desde então".[254] Em sua visão, a escala mais vantajosa no momento é a do território – uma área que inclua a cidade *e* o campo. E conclui: um dos estados situados mais ao ocidente estadunidense... Idaho, talvez.

Sem dúvida, geógrafos como Reclus e Kropotkin estavam em boa posição para perceber a devastação espacial que o capitalismo causa na sociedade humana e no meio ambiente, da qual a concentração econômica do capital em megalópoles é apenas um exemplo. Mais do que isso, porém, ambos os pensadores talvez estejam entre os primeiros a reconhecer que modificações espaciais não podem, como argumenta Philippe Pelletier, substituir a revolução social. Questões de escala são cruciais à sociedade imaginada do futuro, e, durante e após a Comuna de Paris, muita energia imaginativa foi despendida com tais questões e com as tentativas de resposta a elas. Desde as comunidades calculadamente pequenas em que todos os habitantes fossem absorvidos pelos trabalhos internos tal como pensadas por Morris até a crença de Kropotkin na eficiência e na criatividade do planejamento informal em indústrias de pequena escala, há fortes argumentos para defender a tese de que, para alcançar um mundo no qual as decisões básicas de produ-

[254] Kropotkin, Peter. *La Science moderne et l'anarchisme*. Paris: P. V. Stock, 1913, p. 156.

ção e consumo sejam tomadas por associações de trabalhadores livres, o desmantelamento de burocracias de grande escala e de corporações monolíticas é inevitável. Não se pode entender esse desmantelamento como um fetichismo da pequena escala; ele é, sim, fruto de uma aguda ponderação sobre a calibração da produção e da vida comunitária numa escala apropriada. "Do mesmo modo, claro, a vida em tais pequenas comunidades não é, em teoria, essencial a essa grande mudança", escreve Morris, "embora eu esteja bastante certo de que gerariam um modo de vida e de abolição das grandes cidades que [...] considero muito desejáveis".[255] Já Reclus não estava totalmente convencido da vontade, menos ainda da necessidade de abolir grandes cidades.[256] No pensamento que a experiência da Comuna deu à luz, retrabalhar a escala e a textura de nosso modo de vida é o objetivo principal; entretanto, retrabalhar, aqui, não é de modo nenhum sinônimo de se refugiar entre muralhas medievais, ou de se negar a manter relações com o mundo exterior. "A Comuna social será organizada por agrupamentos livres, e esses grupos derrubarão muralhas e fronteiras."[257]

Contra as tendências paranoicas da microssociedade isolada, Kropotkin chegou mesmo a desatrelar a noção de comuna de qualquer dimensão espacial ou territorial: "Para nós, 'Comuna' já não significa uma aglomeração territorial de nenhum tipo. Antes, é um nome genérico, um sinônimo para o agrupamento de iguais que não conhece fronteiras nem muralhas. A Comuna social logo deixará de ser uma entidade bem definida".[258] No

---

255 Morris, William. "Communism and Anarchism", *op. cit.*, p. 317-318.

256 Cf. Pelletier, Philippe. *Elisée Reclus: géographie et anarchie*. Paris: Les Editions du Monde Libertaire, 2009, p. 66-74.

257 Kropotkin, Peter. "The Commune", *op. cit.*, p. 89.

258 *Ibidem*, p. 88.

movimento de afastamento da comuna territorial e de aproximação a uma organização comunal ampla e não circunscrita, podemos perceber a influência da obstinação de Reclus na associação. Pois foi Reclus quem mais longe chegou no pensamento sobre a necessidade de federação e sobre formas de cooperação e de aliança *entre* comunidades. Podemos apontar essa preocupação na incomum importância teórica e estratégica que ele dá à prática da associação e ao desenvolvimento da solidariedade.

Para entender a importância e o alcance que Reclus confere à solidariedade, devemos voltar ao debate entre ele e Gustave Lefrançais, à disputa, nos anos 1870 em Genebra, entre o anarquismo coletivo e o chamado "comunismo anarquista", então em formação. No embate com Lefrançais, Reclus reivindicava que o modo pelo qual as comunas se "federariam" entre si fosse totalmente voluntário, isto é, que tal federação não fosse compelida ou estruturada por uma autoridade central nem por um imperativo como a necessidade de manter em operação o sistema de transportes. Antes disso, em 1868, em Berna, durante um debate sobre "a questão federalista" na Ligue pour la Paix et la Liberté [Liga pela paz e pela liberdade], cujos presentes concordavam com o princípio federalista, Reclus fez uma intervenção para insistir na necessidade de uma maior precisão e, em seu discurso, mencionou uma "república federativa do mundo inteiro". Ele escreveu a seu irmão:

> Eu demonstrei, e creio que de forma perfeitamente lógica, que, após a destruição da velha nação de chauvinistas, da província feudal, do departamento e do *arrondissement* – máquinas de criar despotismo –, dos cantões e das comunas – invenções dos centralizadores extremos –, resta somente o indivíduo, e cabe a ele se

> associar como melhor entender. Essa é a justiça ideal. Então, em vez de comunas ou províncias, eu propus: associações de produção e grupos formados por tais associações.[259]

Reclus conservava uma posição distintamente antinaturalista sobre as comunas existentes, das quais desconfiava por entendê-las como Estados em miniatura, em potencial ou já formados, tão responsáveis quanto qualquer Estado por produzir e reproduzir as formas de autoridade que lhe são investidas. Não existe servidor interiorano que não se considere um pequeno imperador. "Os agrupamentos de forças revolucionárias se concretizarão de forma livre", disse Reclus em outra ocasião, "fora da organização comunal".[260] Em vez da associação baseada na autonomia das comunas e províncias existentes, ele toma como ponto de partida o indivíduo. O crucial aqui é a ideia de que somente uma associação gerada em liberdade, isto é, pela qual se opta livremente, pode produzir solidariedade. Em outras palavras, é a própria liberdade em que as associações são formadas que *produz* solidariedade. A solidariedade cresce conforme cresce a liberdade; ela não floresce da coação ou da obrigação. A autonomia pessoal e a solidariedade social não se opõem, se reforçam.

Lembremos que o segundo grande passo dado pelo comunismo anarquista em sua ruptura com o anarquismo "coletivista" foi a eliminação do sistema salarial pelo desatrelamento entre acesso a recursos e a bens e trabalho realizado. Os produ-

---

259 Reclus, Elisée. [Carta a Elie Reclus], 1868. *In*: Reclus, Elisée. *Correspondances*, v. 1. Paris: Librairie Schleicher Frères, 1911, p. 285.

260 Reclus, Elisée. Contribuição a "Le Congrès de la Fédération jurassienne de 1880". *In*: Guérin, Daniel. *Ni Dieu ni Maître*, v. 1. Paris: La Découverte, 1999, p. 342.

tos do trabalho não podem ser rigorosamente proporcionais ao trabalho realizado porque resultam do trabalho de todos, até mesmo, e especialmente, acrescenta Reclus, do trabalho de gerações anteriores. Assim sendo, era impossível, pragmática e teoricamente, mensurar o valor exato do labor individual: "As ferramentas ou conhecimentos que nos permitem concretizar nossas atividades derivam necessariamente de outros trabalhadores, de gerações precedentes [...], e a avaliação da recompensa que deveria ser atribuída a cada um é necessariamente arbitrária".[261] Nessa passagem, Reclus está discutindo o fato de que o avanço científico e acadêmico depende da reserva de trabalho anterior, porém a observação vale para outros tipos de trabalho. Kropotkin também insistia na "herança comum" formada pelo trabalho criativo antecedente:

> Os italianos que morreram de cólera enquanto construíam o canal de Suez, ou de ancilose no túnel São Gotardo, os estadunidenses ceifados e fuzilados enquanto lutavam pela abolição da escravidão ajudaram a desenvolver a indústria de algodão na França e na Inglaterra, assim como as trabalhadoras que pereceram nas fábricas de Manchester e Rouen e o inventor que, seguindo a sugestão de um trabalhador, logra melhorar o tear. Como, então, podemos estimar a parte de cada um nas riquezas em cuja construção todos contribuem?[262]

---

[261] *Apud* Miéville, Ariane. "Elisée Reclus en Suisse. Le Travailleur et le Révolté". *In*: *Elisée Reclus:* Écrire *la terre en libertaire*. Orthez: Éditions du Temps Perdu, 2005, p. 112.

[262] Kropotkin, Peter. *The Conquest of Bread and Other Writings*. Cambridge: Cambridge University Press, 1995, p. 32.

Sim, como podemos fazê-lo? Se o trabalho individual não pode ser medido e a distribuição não mais depende do trabalho realizado, como se pode organizar a distribuição? A conclusão lógica que vem à mente é a frase "a cada um, de acordo com sua necessidade". Entretanto, no pensamento de Reclus, essa ideia não vai muito longe. A distribuição de bens e recursos não poderia mais ser feita de acordo com necessidades individuais da mesma forma que o trabalho individual não poderia ser isolado do trabalho que o precedeu. Não era possível isolar a necessidade individual de uma pessoa da necessidade das demais. A necessidade individual só pode ser realmente mensurada quando se leva em consideração a necessidade dos outros. Assim, o indivíduo partilha da reserva comum de acordo com um único princípio: a solidariedade de interesses e o respeito mútuo entre os associados:

> Se a grande fábrica, isto é, a terra, e todas as fábricas secundárias ali encontradas são compartilhadas, se o trabalho é feito por todos e a quantidade e a qualidade do que se produz resultam rigorosamente da solidariedade do esforço, a quem tal produção deve pertencer senão à força de trabalho indivisa? Que regra poderia guiar os contabilistas que resolvem a partilha das ações, permitindo-lhes reconhecer o que deve ser atribuído a cada indivíduo do maná produzido pelo trabalho de toda a humanidade, incluindo o das gerações anteriores? O que é verdadeiro e justo é que os produtos resultantes do trabalho de todos pertencem a todos, e que cada um deve livremente pegar sua parte, consumindo-a como queira, sem outra regra a não ser aquela que surja da solidariedade de interesses e do respeito mútuo entre os associados. Seria absurdo, ademais, temer a escassez, uma vez que a enorme perda de produtos causada pelo desperdício atual do comércio

> e da apropriação privada finalmente terminaria [...]. O medo é sempre um péssimo conselheiro. Não temamos nos chamar de comunistas, pois é isso que na verdade somos.[263]

Os recursos mundiais, como a rica herança do trabalho criativo passado, são de propriedade comum e devem ser administrados cooperativamente, e não apropriados por agrupamentos territoriais particulares. Todos são livres para tomar do fruto do trabalho comum o que desejarem, sem estipulação outra que a consideração dos interesses alheios e a observância, em suas ações, da solidariedade mútua com os associados. Uma vez que esses associados incluem os membros de gerações prévias de trabalhadores, a solidariedade não se restringe a associados vivos, mas se estende aos mortos. Ela existe "entre aqueles que viajam pela arena consciente e aqueles que já não estão mais aqui".[264] Supõe-se neste ponto que uma estrutura econômica particular (propriedade comum) que funcione dentro de uma organização política particular (descentralizada) fomentará entre os associados um novo nível de camaradagem, reciprocidade e solidariedade de interesses. E ainda há um terceiro ingrediente crucial que permeia todo o pensamento de Morris, Kropotkin e Reclus: o fim da escassez que o capitalismo produz através do desperdício, da acumulação e da privatização. O sistema mercadológico-industrial institui a escassez, ou "fome artificial",[265] por meio do arranjo da produção e da distribuição segundo

---

263 Reclus, Elisée. Contribuição a "Le congrès de la Fédération jurassienne de 1880", *op. cit.*, p. 341-342.

264 Reclus, Elisée. *L'Homme et la terre*. v. 1. Paris: Librairie Universelle, 1905, p. 318-319.

265 Morris, William. "The Aims of Art". *In*: *The Collected Works of William Morris*. v. XXIII. Cambridge: Cambridge University Press, 2012, p. 96.

o comportamento dos preços, fazendo do custo de vida algo dependente da compra e dos gastos. A insuficiência de meios materiais não é "natural"; é o ponto de partida necessário à atividade econômica dentro do capitalismo. Ferozmente antimalthusianos, tanto Reclus quanto Kropotkin insistiam que os dados científicos mostravam que havia material para todos, desde que o capitalismo acabasse. A solidariedade dos povos poderia ser positivamente assentada nas estatísticas e nos dados geográficos que mostravam, de maneira conclusiva, que os recursos terrestres eram amplos e suficientes para alimentar a todos. "A grande fábrica da terra", gerida cooperativamente, significa um mundo de igualdade em abundância, ou luxo comunal.

Seria errôneo deduzir dessas deliberações um caráter meramente – ou primariamente – moral na noção de Reclus de solidariedade. Em sua compreensão e em seu modo de viver, a solidariedade não era nem uma ética, nem um sentimento, mas uma noção fundamentada em sua versão de ciência, bem como uma estratégia revolucionária, talvez a mais importante. Podemos estabelecer sua dimensão estratégica de forma mais clara se atentarmos a seu panfleto "A mon frère, le paysan" [Ao meu irmão, o camponês], de 1892.

Especialmente após a Comuna de Paris, Reclus se convenceu de que, ao ignorarem o campo, os revolucionários assumiram o risco de oferecer o controle da situação às classes dominantes, cujo poder, como a Comuna mostrara melhor do que qualquer outro evento, apoiava-se no fomento da hostilidade entre trabalhadores urbanos e camponeses. "A associação dos trabalhadores da terra", escreve Reclus em 1873, "talvez seja o maior desenvolvimento do século".[266] E no entanto, lamentava,

---

[266] Reclus, Elisée *apud* Fleming, Marie. *The Geography of Freedom*. Montreal: Black Rose Books, 1988, p. 146.

nas reuniões revolucionárias que havia frequentado nenhuma palavra fora devotada ao campesinato ou à questão da agricultura. "A mon frère, le paysan" tinha como um de seus intentos combater a ignorância do revolucionário urbano, mas sua preocupação primária era combater o medo e a hostilidade do campesinato, assim como a propaganda que os incitava.

Esse medo era da mesma cepa do terror que os versalheses propagaram durante a Comuna: o medo de que os *partageux* da cidade se apropriassem da terra campesina e a partilhassem entre si. De modo informal, dirigindo-se diretamente ao leitor, Reclus, para tratar objetivamente desse medo, estabelece um contraste entre seu interlocutor, isto é, aqueles que trabalham a terra e aqueles que dela têm o título de propriedade, isto é, os ricos que a herdaram e os investidores que lucram sobre ela. A oposição entre aqueles que trabalham a terra e aqueles que dela usufruem da riqueza se sobrepõem a qualquer oposição entre o trabalhador urbano e o camponês. Assegurar a terra àqueles que nela trabalham é, entretanto, apenas o primeiro passo para resolver o isolamento individual do camponês. Reclus evoca o *mir* russo – ou "grupo de amigos", como era conhecida a comuna rural nos países eslavos –, o primeiro agrupamento de camponeses e fazendeiros que se formou em contraposição a inimigos comuns: o capitalismo e o Estado. A comuna não oferece uma aliança simplesmente; também tem a vantagem de criar uma existência livre de notários, pois "a comuna é a propriedade de cada um e de todos". Mas a comuna por si só não é a solução definitiva para o isolamento, pois inevitavelmente ela se encontrará enfraquecida pelas batalhas com os senhores, que têm na retaguarda um verdadeiro "exército", como diria Blanqui, de magistrados, juristas, padres, oficiais governamentais, polícia e, em última instância, o exército de fato. Contra um inimigo tão numeroso e poderoso, não há escolha senão intensificar e expandir alianças e federações:

> Se não sabes como te juntar, não só indivíduo com indivíduo, comuna com comuna, mas também país com país, numa vasta Internacional de trabalhadores, compartilharás do destino de milhões de homens que já foram despidos de seu direito de semear e colher e vivem a escravidão do regime salarial.[267]

Edificando a estratégia retórica inicial de situar o trabalhador urbano e o camponês do mesmo lado, em contraposição àqueles que possuem a terra, Reclus mostra que o trabalhador urbano do presente é o camponês de ontem – os dois se tornaram intercambiáveis.

Vinte anos após a dissolução da Primeira Internacional, Reclus volta a evocar a organização que proporcionara o contexto de seu ativismo político inicial. A Internacional permanecia para ele o exemplo mais eloquente para esforços futuros pela solidariedade global; sua existência efetiva, como ele escreve em outra ocasião, foi um avanço de proporções históricas na união da humanidade:

> Desde a descoberta da América, a circum-navegação da Terra, nenhum acontecimento foi mais importante na história do homem [...]. A unidade normativa futura que os filósofos desejaram só começou a se concretizar quando os trabalhadores ingle-

---

[267] Reclus, Elisée. *A mon frère, le paysan*. Paris: Bureaux des Temps Nouveaux, 1899, p. 6. Existe uma tradução em inglês em *Anarchy, Geography, Modernity*, de Clark e Martin, mas a minha tradução é mais completa; nessa passagem, por exemplo, a tradução de Clark e Martin exclui referências à Internacional.

> ses, franceses e alemães, pondo de lado suas origens diferentes e compreendendo uns aos outros apesar da diversidade de línguas, se uniram para formar uma única nação, desafiando todos os seus respectivos governos.[268]

Reclus deixa por último a pior consequência da incapacidade de associação, arrematando o panfleto com uma imagem presciente e aterrorizante do agronegócio no oeste estadunidense. Ele descreve campos do tamanho de províncias e "fábricas de grãos" arregimentadas num sistema de vigilância permanente, nas quais máquinas, cavalos e homens são coisificados em unidades de energia calculáveis; e em cujas premissas as famílias e as crianças são ignoradas. Ali, em um mundo tão organizado, trabalhador e camponês se tornaram indistinguíveis – mas também o camponês e o cavalo! Uma tal exploração científica da Terra seria aceitável, Reclus nota de maneira seca, se o nosso desejo fosse gerar alguns milionários. Mas, para aqueles que conhecem "o mistério do duro caule do trigo a rachar a casca dura da terra", o *american way* não pode ser chamado de agricultura. Segue-se que o capitalismo é uma desordem planejada e, em última instância, absolutamente patológica para a sociedade humana; se se permitir que ele avance pelo caminho que trilhou até então, conclui Reclus, todas as conquistas humanas serão destruídas, e os povos, em sua maioria, convertidos em escravizados.

Os leitores de hoje, conscientes dos perigos da agricultura geneticamente modificada, das monoculturas químicas, da Monsanto e da vertiginosa perda de diversidade de espécies,

---

268 Reclus, Elisée. "Evolution, Revolution and the Anarchist Ideal". *In*: Clark, John; Martin, Camille (orgs.). *Anarchy, Geography, Modernity*, *op. cit.*, p. 164.

talvez não se surpreendam com a direção tomada pelo panfleto de Reclus. Mas a presciência do autor dos efeitos do capitalismo na agricultura e no ambiente não urbano era incomum, senão singular, no momento em que escrevia. Poucos europeus haviam viajado amplamente, como ele, pelo oeste estadunidense, e menos numerosos ainda eram os capazes de tratar, ou mesmo imaginar, o camponês como sujeito político ou aliado. Em muitos aspectos, a perspectiva de Reclus não se repetiria até a publicação, na década de 1970, de *Les paysans dans la lutte des classes* [Os camponeses na luta de classes], de Bernard Lambert, uma análise da exploração de fazendeiros pelo agronegócio consideravelmente mais moderna do que as feitas por Reclus nos anos 1890. O *slogan*, a mensagem e o procedimento retórico de Lambert – "trabalhadores, camponeses, *mesma luta*" – bem poderiam ter sido emprestados de Reclus.

A consciência de Reclus sobre os camponeses enquanto sujeitos políticos era antiga; datava de pelo menos 1866, quando trabalhara com a feminista André Léo na fundação do periódico dominical *L'Agriculteur*, idealizado para distribuição no campo. Provavelmente, foi a postura política delineada nesse projeto que inspirou o panfleto de Léo, "L'appel au travailleur des campagnes" [Apelo ao trabalhador do campo], escrito na altura da Comuna. O panfleto, feito com seu parceiro, Benoît Malon, era uma tentativa – tardia, na opinião de Elisabeth Dmitrieff – de falar diretamente ao povo do campo sobre os interesses comuns aos dos trabalhadores urbanos, com o objetivo de combater os efeitos da propaganda versalhesa contra Paris. É impossível saber quantas cópias de fato chegaram aos leitores designados àquela altura; Louise Michel, por exemplo, afirma que todas foram confiscadas pelos versalheses e "metodicamente destruídas".[269] A amizade de Reclus com Léo e Malon – que se juntara em 1866 à seção da Internacional em Batignolles – continuou após a Comuna, pois ambos fizeram parte da sociedade de refugiados no Jura.

Aqueles que hoje lerem "A mon frère, le paysan" dentro de, digamos, uma antologia traduzida dos trabalhos de Reclus não conhecerão a formatação em negrito da capa do texto, em que o nome do autor era menos proeminente do que as diretivas "Brochura para distribuição" e "Leia e passe adiante", em fonte alta. A capa claramente se situa em um programa de propaganda anarco-comunista – e, na somatória das diversas edições, dezenas de milhares de cópias do panfleto foram impressas. A escolha estratégica pelo formato em brochura é explicada na contracapa: jornais seriam muito circunstanciais, e palestras são esquecidas muito rapidamente. Só há uma solução ao desafio de alcançar uma audiência massiva: uma brochura gratuita que possa ser passada adiante; além disso, os camaradas são requisitados a enviar ao editor os endereços "dos isolados", para que cópias lhes sejam remetidas por correio.

A preocupação de Reclus com a distribuição em massa nesse caso demonstra que ele, assim como Morris, Kropotkin e outros em sua rede de associados, enxergava seus métodos de trabalho na qualidade de prática política. No caso da brochura, o objetivo maior era propagandístico, claro, mas a própria condução de Reclus de seu trabalho como geógrafo – organizando sua rede de colaboradores (a maior parte deles, anarquistas ou antigos comunardos), publicando em locais de aglomeração popular para atingir a maior audiência possível, supervisionando cada fase de produção do texto, desde o rascunho, a

---

269 Michel, Louise. *La Commune: histoire et souvenirs* [1898]. Paris: La Découverte, 2005, p. 197.

cartografia, a impressão até a encadernação – era indissociável do que ele entendia como uma prática política anarquista. A construção de um movimento coletivo demanda que se realize uma quantia considerável de tradução pública. Sem ela, todas as aspirações e desejos não conformistas e não consensuais que os indivíduos possam ter correm o risco de permanecer puramente individuais, inarticulados. Em suas memórias, Kropotkin descreve a atmosfera de trabalho no escritório comunal de Reclus: "Se ele convida um contribuidor para trabalhar consigo em um volume de sua mundialmente famosa *Geografia* e aquele timidamente pergunta: 'O que tenho de fazer?', ele responde: 'Aqui estão os livros, aqui está a mesa. Faça o que quiser'".[270] Federico Ferretti opina que a abordagem de Reclus e Kropotkin da pesquisa acadêmica geográfica em Clarens, e particularmente a ênfase que davam a questões de publicação e educação, revela o comprometimento anarquista ao princípio da "geografia para todos". Dois grandes esforços colaborativos tomaram a maior parte do tempo de ambos: a *Nouvelle Géographie Universelle* e o jornal político *Le Révolté*. As contribuições de Kropotkin ao *Le Révolté* se deram durante um período em que os dois geógrafos estavam em contato diário e na companhia de Dumartheray, Malatesta e Lefrançais. Foi Reclus, inclusive, quem cunhou o título de todos os livros de Kropotkin em francês, revisou as provas e acompanhou a impressão. Outra figura interessante do grupo responsável pela composição da *Géographie universelle* era o também geógrafo anarquista russo Léon Metchnikoff. Metchnikoff substituiu Lefrançais como secretário de Reclus e foi o principal contribuidor ao volume da *Géographie universelle* dedicado ao Japão.

---

[270] Kropotkin, Peter. *Memoirs of a Revolutionist*. Boston: Houghton Mifflin, 1930, p. 392.

Em sua pesquisa particular, Metchnikoff buscava identificar o princípio da associação em grupos animais, mesmo os unicelulares, considerando, assim como Kropotkin, que a cooperação, e não a competição, era o principal fator na evolução das sociedades humanas. Os interesses científicos de Metchnikoff e a crescente importância que Reclus conferia à solidariedade enquanto estratégia política parecem ter proporcionado uma espécie de fertilização cruzada que favoreceu o desenvolvimento da teoria de Kropotkin sobre o mutualismo. Na principal obra de Metchnikoff, *La civilisation et les grands fleuves historiques* [A civilização e os grandes rios históricos], de 1889, por exemplo, o autor desenvolve uma ideia muito similar à de Reclus, segundo a qual a forma mais avançada de civilização é aquela em que a cooperação não é imposta, mas surge simultaneamente em todos os aspectos da vida social. Em outro trabalho, ele argumentara contra a posição de Comte de que a sociologia deveria ignorar fatos sociais que humanos compartilham com animais ou com plantas de modo a ser uma ciência exclusivamente humana. "A ciência natural nos ensina que a associação", escreve Metchnikoff, "é a lei de toda existência".[271] Os seres nunca são absolutos ou indissociáveis, são essencialmente "comparativos e múltiplos". Ao enfatizar que o ponto em que o indivíduo termina e a sociedade começa nunca foi fixado com precisão, Metchnikoff faz referência à asserção de Reclus de que o valor do trabalho de um indivíduo, assim como o grau de sua necessidade, nunca pode ser mensurado com exatidão. Como assinala Ferretti, a teoria do mutualismo de Kropotkin era em si mesma um projeto colaborativo.[272]

---

[271] Cf. Metchnikoff, Léon. "Revolution and Evolution". *Contemporary Review*, v. 50, p. 412-430, 1996.

[272] Cf. Ferretti, Federico. "The Correspondence between Elisée reclus

Encontrando em Darwin o suporte teórico para um instinto associativo tanto quanto competitivo, Kropotkin demonstra que o mutualismo é um fator objetivo da sociabilidade humana. Uma organização social baseada na solidariedade é uma alternativa viável à hierarquia econômica de uma sociedade atomizada, e "o sentimento de solidariedade é a característica principal de todos os animais que vivem em sociedade".[273] Em outras palavras, o comunismo é possível porque existe mutualismo. O darwinismo social, ou a sobrevivência do mais apto, é uma mera base ideológica que legitima os ricos e poderosos. Foi a lealdade de Darwin a Malthus que o levou a enfatizar a competição entre organismos por recursos escassos, em detrimento da cooperação que eles realizavam quando lutavam juntos contra a severidade do ambiente físico. Nesse contexto, é importante notar que, em "A mon frère, le paysan", Reclus menciona riscos gêmeos, igualmente perigosos ao fazendeiro, causados pelo isolamento: a exploração pelos nobres e as duras condições ambientais. A solidariedade, ou mutualismo, é a solução para ambas as ameaças.

O trabalho de Kropotkin sobre o mutualismo tem a vantagem de esclarecer um aspecto que talvez reste ambíguo na noção de solidariedade de Reclus. Solidariedade não é amor. Enquanto teorias mais antigas – e novas teorias do tempo atual, o nosso tempo! – compreendiam o amor como fator motivador da associação e da cooperação, Kropotkin argumentava:

---

and Pëtr Kropotkin as a Source for the History of Geography". *The Journal of Historical Geography*, v. 37, n. 2, p. 216-222, abr. 2011.

[273] Kropotkin, Peter. "Anarchist Morality". *In*: Baldwin, Roger (org.). *Kropotkin's Revolutionary Pamphlets*. Nova York: Dover, 1970, p. 95.

> Não é amor pelo meu vizinho – que, muitas vezes, eu nem conheço realmente – o que me induz a pegar um balde de água e correr até sua casa quando a vejo pegando fogo. O que me move é um sentimento, ou instinto, muito maior, ainda que mais vago, de solidariedade e de sociabilidade. Assim é, também, com os animais.[274]

A solidariedade de Reclus e o mutualismo de Kropotkin não se baseiam em uma sociabilidade ou em um sentimento moral unicamente humanos, mas em uma concepção mais ampla de existência animal, na qual as continuidades entre o mundo humano e o mundo natural têm grande importância. Assim, as formas igualitárias de cooperação e de interdependência que são encontradas na economia da natureza não são alheias à sociedade humana, e sim contínuas a ela, e a sobrevivência não é dependente da agressão contraprodutiva que nos opõe à natureza. "Ódios nacionais e religiosos não podem se colocar entre nós, pois *o estudo da natureza é a nossa única religião* e o mundo é o nosso país."[275] O estudo da natureza se caracterizou como internacionalista desde o princípio, não apenas porque a ciência traz uma língua comum, uma linguagem comum, mas porque percepções nacionais só fazem criar obstáculos ao estudo do ambiente natural, que necessariamente se espalha para além das fronteiras nacionais e mesmo continentais. A geografia, quando reconhece a superioridade das fronteiras "naturais" ante as artificiais ou estatais, conduz à cidadania global.

---

[274] Kropotkin, Peter. *Mutual Aid: A Factor of Evolution*. Londres: Heinemann, 1903, p. 21.

[275] Reclus, Elisée. "Pourquoi sommes-nous anarchistes?". *In*: L'institut Des Hautes Etudes De Belgique. *Elisée Reclus: Colloque organisé à Bruxelles les* 1 *et* 2 *février* 1985. Bruxelas: IHEB, 1985, p. 137.

O tipo de entendimento político – e, em última instância, ecológico – que Reclus e Kropotkin alcançaram pela ciência e pelo estudo da natureza também foi alcançado por Morris por meio de uma arqueologia da impossibilidade da arte dentro do capitalismo. Se o mutualismo deriva do estudo da natureza, a "camaradagem" – o equivalente, no léxico de Morris, ao mutualismo ou à solidariedade – deriva não da ciência, mas da capacidade criativa associada à arte. "Camaradagem" é o nome que Morris deu àquele aspecto da vida social negado pelo sistema capitalista, cujo modelo proposto por ele continuou sendo algo como a empreitada coletiva de artesãos que trabalhavam juntos como iguais. A camaradagem era o que se obteria quando o trabalho criativo fosse libertado do capitalismo e cada trabalho se tornasse arte, entendida como a expressão pelo homem do prazer em seu trabalho.

Pouco importava o caminho que se seguia, se o da ciência natural, o da arte ou o da estética, pois, para Morris, cada um dos três construía uma estrada que levava à convicção de que o capitalismo e o comércio eram as principais causas da degradação não só da humanidade como também da natureza. Por si só, essa ideia não deveria nos surpreender, já que a percepção própria do geógrafo/cientista, de um lado, e a do artista, de outro, carregam uma sobreposição significativa: a noção, para ambos, de que o ambiente físico nunca pode ser reduzido a mero pano de fundo ou a um espaço abstrato. Para ambos o mundo não pode ser um armazém com coisas inertes empilhadas para uso posterior. E a interação com o mundo, com sua infinita variedade natural e cultural, era vital na organização que cada um desses homens fazia de sua vida: nenhum dos três era exatamente "douto" ou acadêmico. Todos preferiam os desafios e os prazeres das viagens, Morris na Islândia, Metchnikoff no Japão, Kropotkin na China, Sibéria e Ásia Central, Reclus no mundo todo em uma série de viagens: nas Américas, na Irlanda, na África, em todos os cantos. De fato, Reclus, que começou a carreira como editor de guias de viagem populares (os predecessores dos *Guides Bleus*), ao fim da vida só não havia viajado para dois continentes para coletar dados para seus escritos geográficos, a Oceania e a Antártida. Ronald Creagh destaca uma questão interessante acerca da dimensão protoecológica inerente ao trabalho geográfico: os geógrafos, como os historiadores, se preocupam com a inscrição do tempo no espaço, mas sua ênfase, em última instância, é no espaço. O tempo, ou a temporalidade, é uma construção humana e social e, como tal, é tingida pelas tendências contemporâneas e pelos preconceitos dominantes do momento – como, por exemplo, a ideia que predomina hoje de que se deve acumular tanto capital quanto possível, guardá-lo para si, e então morrer. O espaço, em contrapartida, é mais complexo, pois introduz na mistura diferenças e demandas não humanas: a formação geológica da terra, o clima, a existência de outras espécies.[276] O espaço força o confronto com – ou a acomodação a – o mundo não humano. No caso de Morris, o desejo pela variedade de vida, que ele considerava tão importante quanto a igualdade para a criação da vida socialista, assim como o desejo por um trabalho que fosse satisfatório e se desse em ambientes harmoniosos e sustentáveis o moviam inexoravelmente em direção a uma análise ecológica. Também Kropotkin e Reclus foram levados, por sua confiança na "linguagem comum" da ciência, a tentar verificar e valorar as práticas que proporcionariam uma interação sustentável com o mundo natural.

---

[276] Cf. Creagh, Ronald *apud* Pelletier, Philippe. *Elisée Reclus: géographie et anarchie* , op. cit., p. 165-166.

É significativo, sem dúvida, o fato de que os três homens foram socializados fora do ambiente da universidade, cuja concepção já então engessada das divisões e disputas disciplinares opunha a competência de geógrafos à de economistas, ou a de historiadores à de sociólogos. Reclus, que nunca obteve um diploma, se manteve fora da universidade por completo, a não ser por sua participação, no fim da vida, na Universidade Livre de Bruxelas, que não emitia titulações. O faça-você-mesmo radical de Morris, a propensão que demonstrou, por exemplo, para aprender cada aspecto das habilidades e das técnicas usadas desde a Idade Média até o presente na arte do tingimento de tecido é, em si mesma, uma contestação à departamentalização de habilidades e conhecimentos então em curso nas universidades. É impossível detectar qualquer intenção de especialização no trabalho desses personagens. Ao contrário, cada um dos três manifesta uma capacidade quase balzaquiana de associar os múltiplos níveis de uma realidade complexa dentro de um sistema tão coeso de interconexões que a falha em uma esfera – o ambiente construído ou a educação, digamos – é inevitavelmente relacionada a uma falha em outra esfera. Daí, então, que é possível encontrar no geógrafo Reclus um argumento ecológico intimamente aparentado ao de Morris, não construído primordialmente em um idioma geográfico, mas sim à luz da necessidade do prazer estético:

> O que esperamos do homem que se torne um artista não é o mero restauro ou embelezamento de nossas cidades. Porque será livre, também contamos com ele para renovar a beleza dos campos, para adaptar todos os seus trabalhos aos meios próprios na natureza, de tal modo que nasça entre homem e natureza uma harmonia agradável aos olhos e reconfortante ao espírito. Mes-

> mo edifícios grandes podem ser de beleza admirável quando os arquitetos entendem os atributos do sítio ambiental e quando o trabalho do homem se harmoniza ao trabalho geológico dos séculos num conjunto harmonioso.[277]

Em um único movimento dialético, o luxo comunal da arte pública se estende naturalmente desde o ambiente construído – a beleza habitada dos espaços urbanos – para estimular a renovação dos campos e da agricultura e, assim, da interação humana com o ambiente natural, a qual, renovada, então retorna ao desenho arquitetônico dos grandes edifícios, tudo numa continuidade harmoniosa entre o geológico e o humano. A essa continuidade, ou série de interdependências, entre o humano e a natureza, Reclus deu o nome de "milieu", em vez de usar "ambiente" – pois "ambiente" conota um mundo natural concebido como externo ou exterior ao homem. "Milieu", por sua vez, designa o ambiente como um sistema, ou um nicho em desenvolvimento, do qual humanos não podem ser abstraídos; o milieu é coproduzido por humanos e pela natureza, e Reclus faz uso do termo frequentemente. (Como vimos, a estreiteza e o empobrecimento do milieu configuram o objeto das críticas de Reclus às microssociedades anarquistas isoladas.) O fenômeno físico e o fenômeno humano são vistos como complexamente relacionados numa dialética de dependências e reciprocidades que são projetadas com vista à manutenção ótima da terra como um bem comum, a casa comum a todos os homens e mulheres. A propensão de Reclus a pensar em conjunto aspectos da vida humana e aspectos do mundo natural que normalmente são entendidos separadamente atinge sua realização máxi-

277 Reclus, Elisée. "Art and the People". *In*: Ishill, Joseph (org.). *Elisée and Elie Reclus: In Memoriam*. Nova Jersey: Oriole Press, 1927, p. 329.

ma na epígrafe de seu mais importante trabalho, a história do mundo em múltiplos volumes *L'Homme et la terre* [O homem e a terra]. Nele, aprendemos que a humanidade não é nada mais, nada menos do que "a natureza se tornando consciente de si" ("*l'homme est la nature prenant conscience d'elle-même*").

A história do mundo é, então, o incessante processo de transformação e desenvolvimento pelo qual homens e mulheres compreendem que são a autoconsciência da terra. O fascínio de Reclus com a dinâmica cambiante entre humanos e natureza revela um otimismo de sua parte acerca da própria noção de mudança, ou da capacidade humana de mudar. Os humanos devem passar a entender seus interesses como se fossem os interesses da terra, e a solidariedade, ou a consideração das necessidades de um em relação às dos outros, deve se estender a outras espécies e ao mundo natural, porque é inseparável do mundo humano. Assumir a responsabilidade pela beleza da natureza fará com que a natureza *e* a humanidade floresçam. Aqui, a solidariedade é, para Reclus, menos uma noção espiritualizada do que baseada em estratégia política e em sobrevivência: "Existe uma harmonia secreta entre a terra e o povo que ela nutre, e quando sociedades imprudentes violam essa harmonia, fatalmente terminam por se arrepender".[278] A pilhagem e a exploração das riquezas da terra são agressões contraprodutivas que têm como único resultado possível tornar inabitável o milieu humano. "O homem verdadeiramente civilizado entende que seu interesse está amarrado ao interesse do todo e ao interesse da natureza."[279]

---

278 Reclus, Elisée. "Du sentiment de la nature dans les sociétés modernes". *Revue des deux mondes*, v. 63, 1866, p. 379.

279 Reclus, Elisée, "De l'action humaine sur la géographie physique". *Revue des deux mondes*, 1 dez. 1864, p. 763.

Teóricos e ativistas ecológicos de hoje que reconhecem em Reclus um precursor importante dos desenvolvimentos contemporâneos no ecossocialismo identificaram em sua massiva obra alertas cautelosos sobre os problemas da industrialização não sustentável.[280] Reclus era enfático quanto aos perigos da perda de biodiversidade, por exemplo, ou da introdução de espécies não nativas, ou do desmatamento na escala em que então ocorria nas Américas, o qual ele testemunhara em pessoa. Com frequência, destacava a necessidade do respeito e do cuidado no trato com as outras espécies, e foi vegetariano por toda a vida, mantendo-se com uma dieta simples de pão e frutas. Béatrice Giblin faz notar que Reclus "possuía uma sensibilidade ecológica global que morreu com ele e que permaneceu morta por meio século".[281] Por sua vez, Morris também ressurgiu em trabalhos recentes, na forma de, nas palavras de um crítico, "um dos primeiros proponentes do ecossocialismo"; e em sua "noção crítica de beleza" diversos leitores contemporâneos têm identificado a chave para o fim da degradação ambiental.[282] A busca pelo florescimento da arte e da beleza na vida cotidiana, afirmam esses leitores, era ela própria um programa ecológico

---

[280] Entre as primeiras discussões sobre a dimensão ecológica do pensamento de Reclus, inclui-se o texto de Giblin Béatrice, "Reclus: un écologiste avant l'heure?". Para desenvolvimentos mais recentes nessa linha de pensamento, cf. Clark, John; Martin, Camille (orgs.). *Anarchy, Geography, Modernity*, *op. cit.*, p. 19-42; e Pelletier, Philippe. *Elisée Reclus: géographie et anarchie*, *op. cit.*, p. 107-130.

[281] Giblin, Béatrice. "Reclus: un écologiste avant l'heure?". *Herodote*, v. 22, 1981, p. 110.

[282] Cf. Kinna, Ruth. *William Morris: The Art of Socialism*. Cardiff: University of Wales Press, 2000. p. 32-60; e MacDonald, Bradley. *Performing Marx*. Albany: SUNY Press, 2006, p. 47-66.

nascente. Quanto a Kropotkin, é consenso antigo entre anarquistas e não anarquistas que ele esboçou os elementos de uma sociedade humana ecologicamente viável.

Ainda ausente, porém, da maior parte das tentativas de explorar a sensibilidade ecológica de um Reclus ou de um Morris é o reconhecimento – e não o aceno ou a reverência protocolar que geralmente se faz – do papel da experiência política e da cultura da Comuna no desenvolvimento de tal sensibilidade. Isso posto, se fôssemos especular sobre o motivo de ativistas e teóricos atuais terem se voltado para esse conjunto de pensamentos, diríamos que seu apelo aos leitores contemporâneos não reside apenas numa compreensão presciente da natureza antiecológica do capitalismo, mas, principalmente, na natureza *intransigente* e, por isso mesmo, revigorante dessa compreensão. E é aí, a meu ver, que podemos assinalar outro grande efeito – chamemo-lo de uma forma de solidariedade – causado nos pensadores em questão pelo fato de terem vivido o recente evento da Comuna, o âmbito de suas aspirações e a selvageria de sua aniquilação. Não havia, para nenhum deles, a possibilidade de reforma ou de solução parcial, isto é, a reparação da natureza só poderia ser alcançada pelo desmantelamento completo do comércio internacional e do sistema capitalista. Um problema sistêmico demandava uma solução sistêmica.

O "estado de guerra perpétua", tal como Morris denominava o comércio, estava na raiz da destruição da paisagem. O acelerado surto da indústria de produzir "o que um lado chama de 'emprego' e o outro, de 'fazer dinheiro'" inundou de bens banais o mercado e transformou o ambiente construído naquilo que o antropólogo Marc Augé mais tarde nomearia de "não lugar", formado por construções inclassificáveis, sem qualquer marca ou relação com a localidade em que são erguidas. Kropotkin descreve a produção por grandes fábricas de montanhas de, numa palavra cara a Morris, "porcarias": "uma parte imensa do comércio mundial", ele escreve, "consiste de 'porcarias', de *patraque*, coisas como os tais cobertores de 'peles-vermelhas', que são enviadas para terras distantes. Há cidades inteiras que [...] não produzem senão 'porcaria'".[283] Ao mesmo tempo que os bens inferiores rebaixam a especificidade dos produtos locais, centros comerciais como Paris e Londres se transformam em megalópoles por nenhuma outra razão senão a acumulação do lucro. Um trabalhador dos centros poluídos está destinado a certo tipo de vida "que essa barateza, essa bagatela enérgica e agressiva lhe determina". Os ricos, com seu "luxo suíno", não estão em posição muito melhor: o "ônus do desperdício" empobrece ricos e pobres na medida em que são privados igualmente de um aparato sensorial que lhes permita perceber, que dirá apreciar, a beleza. O luxo, que faz da vida de um homem rico vazia e degradada, aliena o povo da natureza tanto quanto as "porcarias". Uma economia organizada em termos de lucro provoca a desfiguração da paisagem, o que, por sua vez, empobrece a imaginação: "Onde a terra houver sido desfigurada", escreve Reclus, "onde toda a poesia houver desaparecido do campo, aí a imaginação estará extinta; a mente se tornará pobre, e a rotina e a servidão tomarão conta da alma, predispondo-a ao torpor e à morte".[284] Mas o aparato sensório que serve à imaginação é ele

[283] Kropotkin, Peter. *Fields, Factories and Workshops Tomorrow*. Londres: Freedom Press, 1998, p. 149. Ou, nas palavras de Morris: "É uma porcaria de época. A porcaria reina. Do estadista ao sapateiro, tudo porcaria". *Apud* Thompson, E. P. *William Morris: Romantic to Revolutionary*. Oakland: PM Press, 2011, p. viii.

[284] Reclus, Elisée. "Du Sentiment de la nature dans les sociétés modernes", *op. cit.*, p. 379.

mesmo histórico e sujeito a mudança: se a "fome artificial" causada pelo capitalismo fosse abolida, já não seríamos "tão estressados e pobres a ponto de sermos incapazes de sentir o prazer de uma bela paisagem [...] ou de um belo edifício".[285] Até lá, a civilização permanece numa condição desmembrada: o sujeito humano vive em perpétua desarmonia por causa da divisão do trabalho, que o separa também da natureza.

A cultura política da Comuna sugere duas transformações de longo alcance que são necessárias para extinguir esse estado de coisas. A primeira é a propriedade coletiva da terra: a grande fábrica que é a terra deve ser transferida à propriedade social. Todo terreno arável, escreveu Reclus, deve ser comum, como em muitas das "sociedades ditas selvagens", as quais desconheciam a escassez. Ele mais uma vez sugere como modelo o *mir* russo e organizações camponesas similares, os quais cumprem a mesma função, com sinal trocado, claro, que em "A mon frère, le paysan" cumpre o agronegócio estadunidense, a visão máxima do pesadelo causado pelos efeitos mais vastos do monopólio do solo. Também Morris acreditava que o primeiro passo – ao qual todos os demais se seguiriam – era comunizar a terra: "Os recursos da natureza, principalmente a terra e aqueles que só podem ser usados para a reprodução da riqueza e que são o efeito do trabalho social, não devem ser apropriados separadamente, e sim pela comunidade como um todo, para o benefício do todo".[286] Já para Kropotkin, a tomada da terra, por si só ou como um primeiro passo, não é suficiente. A expropriação da terra agrícola deve ocorrer *simultaneamente* à da propriedade industrial: "Numa sociedade civilizada, tudo é in-

---

[285] *Commonweal*, 26 fev. 1887.

[286] *Apud* Thompson, E. P. *William Morris: Romantic to Revolutionary*, *op. cit.*, p. xxx.

terdependente; é impossível alterar uma única coisa sem alterar o todo. Assim, no dia em que uma nação atacar a propriedade privada, em qualquer de suas formas, territorial ou industrial, essa nação será obrigada a atacar todas".[287]

A segunda transformação, que se segue à primeira, é uma ênfase no tipo de autossuficiência regional que constituía o lema da Comuna. Um mundo composto de unidades produtivas regionais, relativamente pequenas, de uso intensivo e ao mesmo tempo preservativo da terra; um mundo descentralizado em que a indústria de pequena escala estaria dispersa e seria combinada à agricultura: essa era a visão. A autossuficiência em nível regional diminuiria, ou talvez extinguiria, a necessidade de comércio internacional. A produção que tivesse em vista o mercado local era desejável e racional, como ilustram essas observações de Reclus:

> Atualmente, em cada país, o número de transações comerciais é tido como um índice de prosperidade. A perspectiva oposta seria mais lógica: quanto melhor a terra é utilizada por seus habitantes, menos necessário é o transporte de bens a longas distâncias; quanto mais razoável é o trabalho das fábricas, menor é a troca de produtos.[288]

O que se considera como prosperidade? O que é riqueza? Para que a solidariedade para com a natureza exista no lugar de interesses puramente mercantis, é preciso que uma transformação de valores ocorra, e essa transformação se fundamenta, por sua vez, em uma completa transformação da ordem social: a abo-

---

[287] Kropotkin, Peter. *The Conquest of Bread and Other Writings*, *op. cit.*, p. 50.

[288] Reclus, Elisée. *L'Homme et la terre*, *op. cit.*, p. 595.

lição da propriedade privada e do Estado. Assim, a natureza deixaria de ser mera força produtiva, mero estoque de recursos, e passaria a ser valorizada como um fim em si mesmo. A sustentabilidade ecológica não é um problema técnico; é uma questão sobre o que a sociedade valoriza, sobre o que ela considera riqueza.

> A riqueza é aquilo que a Natureza nos dá e aquilo que um homem razoável faz dos presentes da Natureza para seu uso razoável. A luz solar, o ar fresco, a face incólume da terra, comida, vestuário e acomodação decentes, conforme o necessário; a acumulação dos conhecimentos de toda sorte e a capacidade de disseminá-los; meios de comunicação livres entre o homem e o homem; obras de arte, a beleza que o homem cria quando atinge a condição máxima de homem, mais ambicioso e mais solidário; tudo o que serve ao prazer do povo, livre, humano, incorrupto: isso é riqueza.[289]

Quando o tempo laboral deixar de ser a medida do trabalho e o trabalho deixar de ser a medida da riqueza, aí então a riqueza não mais será medida em termos de valor de troca. Da mesma forma que, para cada um desses pensadores, o verdadeiro individualismo só seria possível no comunismo, o qual requer, mas também valoriza, a contribuição de cada indivíduo para o bem comum, o verdadeiro luxo só poderia ser o luxo comunal.

---

289 Morris, William. "Useful Work Versus Useless Toil". *In*: Morton, A. L. (org). *The political writings of William Morris*. Londres: Wishart, 1973, p. 91-92.

Este livro foi composto em Minion Pro
e Titling GothicFB Comp